L'ÉTAT DE SIÈGE

ALBERT CAMUS

L'ÉTAT
DE SIÈGE

spectacle en trois parties

GALLIMARD

à JEAN-LOUIS BARRAULT

AVERTISSEMENT

En 1941, Barrault eut l'idée de monter un spectacle autour du mythe de la peste, qui avait tenté aussi Antonin Artaud. Dans les années qui suivirent, il lui parut plus simple d'adapter à cet effet le grand livre de Daniel de Foe, LE JOURNAL DE L'ANNÉE DE LA PESTE. Il fit alors le canevas d'une mise en scène.

Lorsqu'il apprit que, de mon côté, j'allais publier un roman sur le même thème, il m'offrit d'écrire des dialogues autour de ce canevas. J'avais d'autres idées et, en particulier, il me paraissait préférable d'oublier Daniel de Foe et de revenir à la première conception de Barrault.

Il s'agissait, en somme, d'imaginer un mythe qui puisse être intelligible pour tous les spectateurs de 1948. L'État de siège est l'illustration de cette tentative, dont j'ai la faiblesse de croire qu'elle mérite qu'on s'y intéresse.

Mais :

1º Il doit être clair que l'État de siège, quoi

qu'on en ait dit, n'est à aucun degré une adaptation de mon roman.

2° Il ne s'agit pas d'une pièce de structure traditionnelle, mais d'un spectacle dont l'ambition avouée est de mêler toutes les formes d'expression dramatique depuis le monologue lyrique jusqu'au théâtre collectif, en passant par le jeu muet, le simple dialogue, la farce et le chœur;

3° S'il est vrai que j'aie écrit tout le texte, il reste que le nom de Barrault devrait, en toute justice, être réuni au mien. Cela n'a pu se faire, pour des raisons qui m'ont paru respectables. Mais il me revient de dire clairement que je reste le débiteur de Jean-Louis Barrault.

20 novembre 1948.

A. C.

DISTRIBUTION

LA PESTE	Pierre Bertin.
LA SECRÉTAIRE	Madeleine Renaud.
NADA	Pierre Brasseur.
VICTORIA	Maria Casarès.
LE JUGE	Albert Medina.
LA FEMME DU JUGE	Marie-Hélène Dasté.
DIÉGO	Jean-Louis Barrault.
LE GOUVERNEUR	Charles Mahieu.
L'ALCADE	Régis Outin.

LES FEMMES DE LA CITÉ . . . . .
- Éléonore Hirt.
- Simone Valère.
- Ginette Desailly.
- Christiane Clouzet.
- Janine Wansar.

LES HOMMES DE LA CITÉ . . . . .
- Jean Desailly.
- Jacques Berthier.
- Beauchamp.
- Gabriel Cattand.
- Jean-Pierre Granval.
- Bernard Dheran.
- Jean Juillard.

LES GARDES . . . .
- Roland Malcome.
- William Sabatier.
- Pierre Sonnier.
- Jacques Galland.

LE CONVOYEUR DES MORTS . . . . Marcel Marceau.

L'ÉTAT DE SIÈGE

a été représenté pour la première fois, le 27 octobre 1948,
par la « Compagnie Madeleine Renaud-Jean-Louis Barrault »,
au Théâtre Marigny (direction Simonne Volterra).

Musique de scène d'Arthur Honegger.
Décor et costumes de Balthus.
Mise en scène de Jean-Louis Barrault.

PREMIÈRE PARTIE

PROLOGUE

Ouverture musicale autour d'un thème sonore rappelant la sirène d'alerte.

Le rideau se lève. La scène est complètement obscure.

L'ouverture s'achève, mais le thème de l'alerte demeure, comme un bourdonnement lointain.

Soudain, au fond, surgissant du côté cour, une comète se déplace lentement vers le côté jardin.

Elle éclaire, en ombres chinoises, les murs d'une ville fortifiée espagnole et la silhouette de plusieurs personnages qui tournent le dos au public, immobiles, la tête tendue vers la comète.

Quatre heures sonnent. Le dialogue est à peu près incompréhensible, comme un marmonnement.

— La fin du monde!

— Non, homme!

— Si le monde meurt...

— Non, homme. Le monde, mais pas l'Espagne!

— Même l'Espagne peut mourir.

— A genoux!

— C'est la comète du mal!

— Pas l'Espagne, homme, pas l'Espagne!

> *Deux ou trois têtes se tournent. Un ou deux personnages se déplacent avec précaution, puis tout redevient immobile. Le bourdonnement se fait alors plus intense, devient strident et se développe musicalement comme une parole intelligible et menaçante. En même temps, la*

*comète grandit démesurément.
Brusquement, un cri terrible
de femme qui, d'un coup, fait
taire la musique et réduit la
comète à sa taille normale. La
femme s'enfuit en haletant. Remue-ménage sur la place. Le
dialogue, plus sifflant et qu'on
perçoit mieux, n'est cependant
pas encore compréhensible.*

— C'est signe de guerre!
— C'est sûr!
— C'est signe de rien.
— C'est selon.
— Assez. C'est la chaleur.
— La chaleur de Cadix.
— Suffit.
— Elle siffle trop fort.
— Elle assourdit surtout.
— C'est un sort sur la cité!
— Aïe! Cadix! Un sort sur toi!
— Silence! Silence!

*Ils fixent de nouveau la co-
mète, lorsqu'on entend, distinc-
tement cette fois, la voix d'un
officier des gardes civils.*

L'OFFICIER DES GARDES CIVILS

Rentrez chez vous! Vous avez vu ce
que vous avez vu, c'est suffisant. Du
bruit pour rien, voilà tout. Beaucoup de
bruit et rien au bout. A la fin, Cadix est
toujours Cadix.

UNE VOIX

C'est un signe pourtant. Il n'y a pas
de signes pour rien.

UNE VOIX

Oh! le grand et terrible Dieu!

UNE VOIX

Bientôt la guerre, voilà le signe!

UNE VOIX

A notre époque, on ne croit plus aux

signes, galeux! On est trop intelligent, heureusement.

UNE VOIX

Oui, et c'est ainsi qu'on se fait casser la tête. Bête comme cochon, voilà ce qu'on est. Et les cochons, on les saigne!

L'OFFICIER

Rentrez chez vous! La guerre est notre affaire, non la vôtre.

NADA

Aïe! Si tu disais vrai! Mais non, les officiers meurent dans leur lit et l'estocade, elle est pour nous!

UNE VOIX

Nada, voilà Nada. Voilà l'idiot!

UNE VOIX

Nada, tu dois savoir. Qu'est-ce que cela signifie?

NADA (*il est infirme*).

Ce que j'ai à dire, vous n'aimez pas

l'entendre. Vous en riez. Demandez à l'étudiant, il sera bientôt docteur. Moi, je parle à ma bouteille.

> *Il porte une bouteille à sa bouche.*

UNE VOIX

Diego, qu'est-ce qu'il veut dire?

DIEGO

Que vous importe? Gardez votre cœur ferme et ce sera assez.

UNE VOIX

Demandez à l'officier des gardes civils.

L'OFFICIER

La garde civile pense que vous troublez l'ordre public.

NADA

La garde civile a de la chance. Elle a des idées simples.

DIEGO

Regardez, ça recommence...

Une voix

Ah! le grand et terrible Dieu.

> *Le bourdonnement recommence. Deuxième passage de la comète.*

— Assez!
— Suffit!
— Cadix!
— Elle siffle!
— C'est un sort...
— Sur la cité...
— Silence! Silence!

> *Cinq heures sonnent. La comète disparaît. Le jour se lève.*

Nada, *perché sur une borne et ricanant.*

Et voilà! Moi, Nada, lumière de cette ville par l'instruction et les connaissances, ivrogne par dédain de toutes choses et par dégoût des honneurs, raillé des hommes parce que j'ai gardé la liberté du mépris, je tiens à vous donner, après ce feu d'artifice, un avertissement gratuit. Je vous informe donc que nous y sommes et que, de plus en plus, nous allons y être.

Remarquez bien que nous y étions déjà. Mais il fallait un ivrogne pour s'en rendre compte. Où sommes-nous donc? C'est à vous, hommes de raison, de le deviner. Moi, mon opinion est faite depuis toujours et je suis ferme sur mes principes : la vie vaut la mort; l'homme est du bois dont on fait les bûchers. Croyez-moi vous allez avoir des ennuis. Cette comète-là est mauvais signe. Elle vous alerte!

Cela vous paraît invraisemblable? Je m'y attendais. Du moment que vous avez fait vos trois repas, travaillé vos huit heures et entretenu vos deux femmes, vous imaginez que tout est dans l'ordre. Non, vous n'êtes pas dans l'ordre, vous êtes dans le rang. Bien alignés, la mine placide, vous voilà mûrs pour la calamité. Allons, braves gens, l'avertissement est donné, je suis en règle avec ma conscience.

Pour le reste, ne vous en faites pas, on s'occupe de vous là-haut. Et vous savez ce que ça donne : ils ne sont pas commodes!

LE JUGE CASADO

Ne blasphème pas, Nada. Voilà déjà longtemps que tu prends des libertés coupables avec le ciel.

NADA

Ai-je parlé du ciel, juge? J'approuve ce qu'il fait de toutes façons. Je suis juge à ma manière. J'ai lu dans les livres qu'il vaut mieux être le complice du ciel que sa victime. J'ai l'impression d'ailleurs que le ciel n'est pas en cause. Pour peu que les hommes se mêlent de casser les vitres et les têtes, vous vous apercevrez que le bon Dieu, qui connaît pourtant la musique, n'est qu'un enfant de chœur.

LE JUGE CASADO

Ce sont les libertins de ta sorte qui nous attirent les alertes célestes. Car c'est une alerte en effet. Mais elle est donnée à tous ceux dont le cœur est corrompu. Craignez tous que des effets plus terribles ne s'ensuivent et priez Dieu qu'il pardonne vos péchés. A genoux donc! A genoux, vous dis-je!

Tous se mettent à genoux, sauf Nada.

LE JUGE CASADO

Crains, Nada, crains et agenouille-toi.

NADA

Je ne le puis, ayant le genou raide. Quant à craindre, j'ai tout prévu, même le pire, je veux dire ta morale.

LE JUGE CASADO

Tu ne crois donc à rien, malheureux?

NADA

A rien de ce monde, sinon au vin. Et à rien du ciel.

Le juge Casado

Pardonnez-lui, mon Dieu, puisqu'il ne sait ce qu'il dit et épargnez cette cité de vos enfants.

Nada

Ita missa est. Diego, offre-moi une bouteille à l'enseigne de la Comète. Et tu me diras où en sont tes amours.

Diego

Je vais épouser la fille du juge, Nada. Et je voudrais que désormais tu n'offenses plus son père. C'est m'offenser aussi.

Trompettes. Un héraut entouré de gardes.

Le héraut

Ordre du gouverneur. Que chacun se retire et reprenne ses tâches. Les bons gouvernements sont les gouvernements où rien ne se passe. Or telle est la volonté du gouverneur qu'il ne se passe rien en son gouvernement, afin qu'il demeure aussi

25

bon qu'il l'a toujours été. Il est donc affirmé aux habitants de Cadix que rien ne s'est passé en ce jour qui vaille la peine qu'on s'alarme ou se dérange. C'est pourquoi chacun, à partir de cette sixième heure, devra tenir pour faux qu'aucune comète se soit jamais montrée à l'horizon de la cité. Tout contrevenant à cette décision, tout habitant qui parlera de comètes autrement que comme de phénomènes sidéraux passés ou à venir sera donc puni avec la rigueur de la loi.

Trompettes. Il se retire.

NADA

Eh bien! Diego, qu'en dis-tu? C'est une trouvaille!

DIEGO

C'est une sottise! Mentir est toujours une sottise.

NADA

Non, c'est une politique. Et que j'approuve puisqu'elle vise à tout supprimer.

Ah! le bon gouverneur que nous avons là! Si son budget est en déficit, si son ménage est adultère, il annule le déficit et il nie l'accouplement. Cocus, votre femme est fidèle, paralytiques, vous pouvez marcher, et vous, aveugles, regardez : c'est l'heure de la vérité!

DIEGO

N'annonce pas de malheur, vieille chouette! L'heure de la vérité, c'est l'heure de la mise à mort!

NADA

Justement. A mort le monde! Ah, si je pouvais l'avoir tout entier devant moi, comme un taureau qui tremble de toutes ses pattes, avec ses petits yeux brûlants de haine et son mufle rose où la bave met une dentelle sale! Aïe! Quelle minute. Cette vieille main n'hésiterait pas et le cordon de la moelle serait tranché d'un coup et la lourde bête foudroyée tomberait jusqu'à la fin des temps à travers d'interminables espaces!

DIEGO

Tu méprises trop de choses, Nada. Économise ton mépris, tu en auras besoin.

NADA

Je n'ai besoin de rien. J'ai du mépris jusqu'à la mort. Et rien de cette terre, ni roi, ni comète, ni morale, ne seront jamais au-dessus de moi!

DIEGO

Du calme! Ne monte pas si haut. On t'en aimerait moins.

NADA

Je suis au-dessus de toutes choses, ne désirant plus rien.

DIEGO

Personne n'est au-dessus de l'honneur.

NADA

Qu'est-ce que l'honneur, fils?

DIEGO

Ce qui me tient debout.

NADA

L'honneur est un phénomène sidéral passé ou à venir. Supprimons.

DIEGO

Bien, Nada, mais il faut que je parte. Elle m'attend. C'est pourquoi je ne crois pas à la calamité que tu annonces. Je dois m'occuper d'être heureux. C'est un long travail, qui demande la paix des villes et des campagnes.

NADA

Je te l'ai déjà dit, fils, nous y sommes déjà. N'espère rien. La comédie va commencer. Et c'est à peine s'il me reste le temps de courir au marché pour boire enfin à la mise à mort universelle.

Tout s'éteint.

FIN DU PROLOGUE

Lumière. Animation générale. Les gestes sont plus vifs, le mouvement se précipite. Musique. Les boutiquiers tirent leurs volets, écartant les premiers plans du décor. La place du marché apparaît. Le chœur du peuple, conduit par les pêcheurs la remplit peu à peu, exultant.

LE CHŒUR

Il ne se passe rien, il ne se passera rien. A la fraîche, à la fraîche! Ce n'est pas une calamité, c'est l'abondance de l'été! *(Cri d'allégresse.)* A peine si le printemps s'achève et déjà l'orange dorée de l'été lancée à toute vitesse à travers le ciel se hisse au sommet de la saison et crève au-dessus de l'Espagne dans un ruissellement de miel, pendant que tous les fruits de tous les étés du monde, raisins gluants, melons couleur de beurre, figues pleines de sang, abricots en flammes, viennent dans le même moment rouler aux étals de nos marchés. *(Cri d'allégresse.)* O, fruits! C'est ici qu'ils achèvent dans l'osier la longue course précipitée qui les amène des campagnes où ils ont commencé à s'alourdir d'eau et de sucre au-dessus des prés bleus de chaleur et parmi le jaillissement frais de mille sources ensoleillées peu à peu réunies en une seule eau de jeunesse aspirée par les racines et les troncs, conduite jusqu'au cœur des fruits où elle finit par couler lentement comme une inépuisable fontaine mielleuse qui les engraisse et les rend de plus en plus pesants.

Lourds, de plus en plus lourds! Et si lourds qu'à la fin les fruits coulent au fond de l'eau du ciel, commencent de rouler à travers l'herbe opulente, s'embarquent aux rivières, cheminent le long de toutes les routes et, des quatre coins de l'horizon, salués par les rumeurs joyeuses du peuple et les clairons de l'été *(brèves trompettes)* viennent en foule aux cités humaines, témoigner que la terre est douce et que le ciel nourricier reste fidèle au rendez-vous de l'abondance. *(Cri général d'allégresse.)* Non, il ne se passe rien. Voici l'été, offrande et non calamité. Plus tard l'hiver, le pain dur est pour demain ! Aujourd'hui, dorades, sardines, langoustines, poisson, poisson frais venu des mers calmes, fromage, fromage au romarin ! Le lait des chèvres mousse comme une lessive et, sur les plateaux de marbre, la viande congestionnée sous sa couronne de papier blanc, la viande à odeur de luzerne, offre en même temps le sang, la sève et le soleil à la rumination de l'homme. A la coupe ! A la coupe ! Buvons à la coupe des saisons. Buvons jusqu'à l'oubli, il ne se passera rien !

Hourrahs. Cris de joie. Trompettes. Musique et aux quatre coins du marché de petites scènes se déroulent.

LE PREMIER MENDIANT

La charité, homme, la charité, grand-mère!

LE DEUXIÈME MENDIANT

Mieux vaut la faire tôt que jamais!

LE TROISIÈME MENDIANT

Vous nous comprenez!

LE PREMIER MENDIANT

Il ne s'est rien passé, c'est entendu.

LE DEUXIÈME MENDIANT

Mais il se passera peut-être quelque chose.

Il vole la montre du passant.

LE TROISIÈME MENDIANT

Faites toujours la charité. Deux précautions valent mieux qu'une!

A la pêcherie.

LE PÊCHEUR.

Une dorade fraîche comme **un œillet**! La fleur des mers! et vous **venez vous** plaindre!

33

LA VIEILLE

Ta dorade, c'est du chien de mer!

LE PÊCHEUR

Du chien de mer! Jusqu'à ton arrivée, sorcière, le chien de mer n'était jamais entré dans cette boutique.

LA VIEILLE

Aïe, fils de ta mère! Regarde mes cheveux blancs!

LE PÊCHEUR

Dehors, vieille comète!

> *Tout le monde s'immobilise, le doigt sur la bouche.*
>
> *A la fenêtre de Victoria. Victoria derrière les barreaux et Diego.*

DIEGO

Il y a si longtemps!

VICTORIA

Fou, nous nous sommes quittés à onze heures, ce matin!

DIEGO

Oui, mais il y avait ton père!

VICTORIA

Mon père a dit oui. Nous étions sûrs qu'il dirait non.

DIEGO

J'ai eu raison d'aller tout droit vers lui et de le regarder en face.

VICTORIA

Tu as eu raison. Pendant qu'il réfléchissait, je fermais les yeux, j'écoutais monter en moi un galop lointain qui se rapprochait, de plus en plus rapide et nombreux, jusqu'à me faire trembler tout entière. Et puis le père a dit oui. Alors j'ai ouvert les yeux. C'était le premier matin du monde. Dans un coin de la chambre où nous étions, j'ai vu les chevaux noirs de l'amour, encore couverts de frissons, mais désormais tranquilles. C'est nous qu'ils attendaient.

DIEGO

Moi, je n'étais ni sourd ni aveugle. Mais je n'entendais que le piaffement doux de mon sang. Ma joie était soudain sans impatience. O cité de lumière, voici qu'on t'a remise à moi pour la vie, jusqu'à l'heure où la terre nous appellera. Demain, nous partirons ensemble et nous monterons la même selle.

VICTORIA

Oui, parle notre langage même s'il paraît fou aux autres. Demain, tu embrasseras ma bouche. Je regarde la tienne et mes joues brûlent. Dis, est-ce le vent du Sud?

DIEGO

C'est le vent du Sud et il me brûle aussi. Où est la fontaine qui m'en guérira?

Il approche et, passant ses bras à travers les barreaux, elle le serre aux épaules.

36

VICTORIA

Ah! J'ai mal de tant t'aimer! Approche encore.

DIEGO

Que tu es belle!

VICTORIA

Que tu es fort!

DIEGO

Avec quoi laves-tu ce visage pour le rendre aussi blanc que l'amande?

VICTORIA

Je le lave avec de l'eau claire, l'amour y ajoute sa grâce!

DIEGO

Tes cheveux sont frais comme la nuit!

VICTORIA

C'est que toutes les nuits je t'attends à ma fenêtre.

DIEGO

Est-ce l'eau claire et la nuit qui ont laissé sur toi l'odeur du citronnier?

37

VICTORIA

Non, c'est le vent de ton amour qui m'a couverte de fleurs en un seul jour!

DIEGO

Les fleurs tomberont!

VICTORIA

Les fruits t'attendent!

DIEGO

L'hiver viendra!

VICTORIA

Mais avec toi. Te souviens-tu de ce que tu m'as chanté la première fois. N'est-ce pas toujours vrai?

DIEGO

Cent ans après que serai mort
La terre me demanderait
Si je t'ai enfin oubliée
Que je répondrais pas encore!

Elle se tait.

DIEGO

Tu ne dis rien?

VICTORIA

Le bonheur m'a prise à la gorge.

Sous la tente de l'astrologue.

L'ASTROLOGUE *à une femme.*

Le soleil, ma belle, traverse le signe de la Balance au moment de ta naissance, ce qui autorise à te considérer comme Vénusienne, ton signe ascendant étant le Taureau, dont chacun sait qu'il est aussi gouverné par Vénus. Ta nature est donc émotive, affectueuse et agréable. Tu peux t'en réjouir, quoique le Taureau prédispose au célibat et risque de laisser sans emploi ces précieuses qualités. Je vois d'ailleurs une conjonction Vénus-Saturne qui est défavorable au mariage et aux enfants. Cette conjonction présage aussi des goûts bizarres et fait craindre les maux affectant le ventre. Ne t'y attarde point ce-

pendant et recherche le soleil qui renfor-
cera le mental et la moralité, et qui est
souverain quant aux flux du ventre. Choisis tes amis parmi les taureaux, petite,
et n'oublie pas que ta position est bien
orientée, facile et favorable, et qu'elle peut
te garder en joie. C'est six francs.

Il reçoit l'argent.

LA FEMME

Merci. Tu es sûr de ce que tu m'as
dit, n'est-ce pas?

L'ASTROLOGUE

Toujours, petite, toujours! Attention,
cependant! Il ne s'est rien passé, ce matin, bien entendu. Mais ce qui ne s'est
point passé peut bouleverser mon horoscope. Je ne suis pas responsable de ce
qui n'a pas eu lieu!

Elle part.

L'ASTROLOGUE

Demandez votre horoscope! Le passé,
le présent, l'avenir garanti par les astres

fixes! J'ai dit fixes! *(A part.)* Si les comètes s'en mêlent, ce métier deviendra impossible. Il faudra se faire gouverneur.

DES GITANS, *ensemble.*

Un ami qui te veut du bien...
Une brune qui sent l'orange...
Un grand voyage à Madrid...
L'héritage des Amériques...

UN SEUL

Après la mort de l'ami blond, tu recevras une lettre brune.

Sur un tréteau, au fond, roulement de tambour.

LES COMÉDIENS

Ouvrez vos beaux yeux, gracieuses dames et vous, seigneurs, prêtez l'oreille! Les acteurs que voici, les plus grands et les plus réputés du royaume d'Espagne, et que j'ai décidés, non sans peine, à quitter la cour pour ce marché, vont jouer, pour vous complaire, un acte sacré de

l'immortel Pedro de Lariba : *Les esprits.*
Pièce qui vous laissera étonnés, et que les
ailes du génie ont portée d'un seul coup à
la hauteur des chefs-d'œuvre universels.
Composition prodigieuse que notre roi ai-
mait à ce point qu'il se la faisait jouer
deux fois le jour et qu'il la contemplerait
encore si je n'avais représenté à cette
troupe sans égale l'intérêt et l'urgence qu'il
y avait à la faire connaître aussi en ce
marché, pour l'édification du public de
Cadix, le plus averti de toutes les Espagnes!

Approchez donc, la représentation va
commencer.

> *Elle commence en effet, mais*
> *on n'entend pas les acteurs,*
> *dont la voix est couverte par*
> *les bruits du marché.*

— A la fraîche, à la fraîche!

— La femme-homard, moitié femme,
moitié poisson!

— Sardines frites! Sardines frites!

— Ici, le roi de l'évasion qui sort de toutes les prisons!

— Prends mes tomates, ma belle, elles sont lisses comme ton cœur.

— Dentelles et linge de noces!

— Sans douleur et sans boniments, c'est Pedro qui arrache les dents!

NADA, *sortant ivre de la taverne.*

Écrasez tout. Faites une purée des tomates et du cœur! En prison, le roi de l'évasion et cassons les dents de Pedro! A mort l'astrologue qui n'aura pas prévu cela! Mangeons la femme-homard et supprimons tout le reste, sinon ce qui se boit!

> *Un marchand étranger, richement vêtu, entre dans le marché au milieu d'un grand concours de filles.*

LE MARCHAND

Demandez, demandez le ruban de la Comète!

TOUS

Chut! Chut!

*Ils vont lui expliquer sa folie
à l'oreille.*

LE MARCHAND

Demandez, demandez le ruban sidéral!

*Tous achètent du ruban.
Cris de joie. Musique. Le
gouverneur avec sa suite arrive au marché. On s'installe.*

LE GOUVERNEUR

Votre gouverneur vous salue et se réjouit de vous voir assemblés comme de
coutume en ces lieux, au milieu des occu-
pations qui font la richesse et la paix de
Cadix. Non, décidément, rien n'est changé
et cela est bon. Le changement m'irrite,
j'aime mes habitudes!

UN HOMME DU PEUPLE

Non, gouverneur, rien n'est vraiment
changé, nous autres, pauvres, pouvons te

44

l'assurer. Les fins de mois sont bien justes. L'oignon, l'olive et le pain font notre subsistance et quant à la poule au pot, nous sommes contents de savoir que d'autres que nous la mangent toujours le dimanche. Ce matin, il y a eu du bruit dans la ville et au-dessus de la ville. En vérité, nous avons eu peur. Nous avons eu peur que quelque chose fût changé, et que tout d'un coup les misérables fussent contraints à se nourrir de chocolat. Mais par tes soins, bon gouverneur, on nous annonça qu'il ne s'était rien passé et que nos oreilles avaient mal entendu. Du coup, nous voici rassurés avec toi.

LE GOUVERNEUR

Le gouverneur s'en réjouit. Rien n'est bon de ce qui est nouveau.

LES ALCADES

Le gouverneur a bien parlé! Rien n'est bon de ce qui est nouveau. Nous autres, alcades, mandatés par la sagesse et les ans, voulons croire en particulier que nos bons pauvres ne se sont pas donnés un air d'ironie. L'ironie est une vertu qui détruit. Un bon gouverneur lui préfère les vices qui construisent.

LE GOUVERNEUR

En attendant, que rien ne bouge! Je suis le roi de l'immobilité!

LES IVROGNES DE LA TAVERNE, _autour de Nada._

Oui, oui, oui! Non, non, non! Que rien ne bouge, bon gouverneur! Tout tourne autour de nous et c'est une grande souffrance! Nous voulons l'immobilité! Que tout mouvement soit arrêté! Que tout soit supprimé, hors le vin et la folie.

LE CHŒUR

Rien n'est changé! Il ne se passe rien, il ne s'est rien passé! Les saisons tournent

46

autour de leur pivot et dans le ciel suave
circulent des astres sages dont la tranquille géométrie condamne ces étoiles folles
et déréglées qui incendient les prairies du
ciel de leur chevelure enflammée, troublent
de leur hurlement d'alerte la douce musique des planètes, bousculent par le vent
de leur course les gravitations éternelles,
font grincer les constellations et préparent,
à tous les carrefours du ciel, de funestes
collisions d'astres. En vérité, tout est en
ordre, le monde s'équilibre! C'est le midi
de l'année, la saison haute et immobile!
Bonheur, bonheur! Voici l'été! Qu'importe
le reste, le bonheur est notre fierté.

Les alcades

Si le ciel a des habitudes, remerciez-en
le gouverneur puisqu'il est roi de l'habitude. Lui non plus n'aime pas les cheveux
fous. Tout son royaume est bien peigné!

Le chœur

Sages! Nous resterons sages, puisque

47

rien ne changera jamais. Que ferions-nous, cheveux au vent, l'œil enflammé, la bouche stridente? Nous serons fiers du bonheur des autres!

LES IVROGNES *autour de Nada*

Supprimez le mouvement, supprimez, supprimez! Ne bougez pas, ne bougeons pas! Laissons couler les heures, ce règne-ci sera sans histoire! La saison immobile est la saison de nos cœurs puisqu'elle est la plus chaude et qu'elle nous porte à boire!

Mais le thème sonore de l'alerte qui bourdonnait sourdement depuis un moment monte tout d'un coup à l'aigu, tandis deux énormes coups mats résonnent. Sur les tréteaux, un comédien s'avançant vers le public en continuant sa pantomime, chancelle et tombe au milieu de la foule qui l'entoure immédiatement. Plus un mot, plus un geste : le silence est complet.

Quelques secondes d'immobilité, et c'est la précipitation générale.

Diego fend la foule qui s'écarte lentement et découvre l'homme.

Deux médecins arrivent qui examinent le corps, s'écartent et discutent avec agitation.

Un jeune homme demande des explications à l'un des médecins qui fait des gestes de dénégation. Le jeune homme le presse, et encouragé par la foule, le pousse à répondre, le secoue, se colle à lui dans le mouvement de l'adjuration et se trouve, finalement, lèvres à lèvres avec lui. Un bruit d'aspiration, et il fait mine de pren-

*dre un mot de la bouche du
médecin. Il s'écarte et, à grand-
peine, comme si le mot était
trop grand pour sa bouche et
qu'il faille de longs efforts pour
s'en délivrer, il prononce :*

— La Peste.

*Tout le monde plie les ge-
noux et chacun répète le mot
de plus en plus fort et de
plus en plus rapidement pendant que tous fuient, accomplis-
sant de larges courbes sur la
scène autour du gouverneur re-
monté sur son estrade. Le mouvement s'accélère, se précipite,
s'affole jusqu'à ce que les gens
s'immobilisent en groupes, à la
voix du vieux curé.*

LE CURÉ

A l'église, à l'église! Voici que la punition arrive. Le vieux mal est sur la ville!

C'est lui que le ciel envoie depuis toujours aux cités corrompues pour les châtier à mort de leur péché mortel. Dans vos bouches menteuses, vos cris seront écrasés et un sceau brûlant va se poser sur votre cœur. Priez maintenant le Dieu de justice pour qu'il oublie et qu'il pardonne. Entrez dans l'église! Entrez dans l'église!

Quelques-uns se précipitent dans l'église. Les autres se tournent mécaniquement à droite et à gauche pendant que sonne la cloche des morts. Au troisième plan, l'astrologue, comme s'il faisait un rapport au gouverneur, parle sur un ton très naturel.

L'ASTROLOGUE

Une conjonction maligne de planètes hostiles vient de se dessiner sur le plan des astres. Elle signifie et elle annonce sécheresse, famine et peste à tout venant...

51

*Mais un groupe de femmes
couvre tout de son caquet.*

— Il avait à la gorge une énorme bête
qui lui pompait le sang avec un gros bruit
de siphon!

— C'était une araignée, une grosse araignée noire!

— Verte, elle était verte!

— Non, c'était un lézard des algues!

— Tu n'as rien vu! C'était un poulpe,
grand comme un petit d'homme.

— Diego, où est Diego?

— Il y aura tellement de morts qu'il
ne restera plus de vivants pour les en-
terrer!

— Aïe! Si je pouvais partir!

— Partir! Partir!

VICTORIA

— Diego, où est Diego?

*Pendant toute cette scène, le
ciel s'est rempli de signes et le
bourdonnement d'alerte s'est dé-*

*veloppé, accentuant la terreur
générale. Un homme, le visage
illuminé, sort d'une maison en
criant : « Dans quarante jours,
la fin du monde! » et de nouveau, la panique déroule ses
courbes, les gens répétant :
« Dans quarante jours, la fin du
monde. » Des gardes viennent
arrêter l'illuminé, mais de
l'autre côté, sort une sorcière
qui distribue des remèdes.*

LA SORCIÈRE

Mélisse, menthe, sauge, romarin, thym,
safran, écorce de citron, pâtes d'amande...
Attention, attention, ces remèdes sont in-
faillibles!

*Mais une sorte de vent froid
se lève, pendant que le soleil
commence à se coucher et fait
lever les têtes.*

LA SORCIÈRE

Le vent! Voici le vent! Le fléau a horreur du vent. Tout ira mieux, vous le verrez!

> *Dans le même temps, le vent tombe, le bourdonnement remonte à l'aigu, les deux coups mats résonnent, assourdissants et un peu plus rapprochés. Deux hommes s'abattent au milieu de la foule. Tous fléchissent les genoux et commencent à s'écarter des corps à reculons. Seule demeure la sorcière avec, à ses pieds, les deux hommes qui portent des marques aux aines et à la gorge. Les malades se tordent, font deux ou trois gestes et meurent pendant que la nuit descend lentement sur la foule qui se déplace tou-*

54

jours vers l'extérieur, laissant les cadavres au centre.

Obscurité.

Lumière à l'église. Projecteur au palais du roi. Lumière dans la maison du juge. La scène est alternée.

AU PALAIS

LE PREMIER ALCADE

Votre honneur, l'épidémie se déclanche avec une rapidité qui déborde tous les secours. Les quartiers sont plus contaminés qu'on ne croit, ce qui m'incline à penser qu'il faut dissimuler la situation et ne dire la vérité au peuple à aucun prix. Du reste, et pour le moment, la maladie s'attaque surtout aux quartiers extérieurs qui sont pauvres et surpeuplés. Dans notre malheur, ceci du moins est satisfaisant.

Murmures d'approbation.

A L'ÉGLISE

LE CURÉ

Approchez et que chacun confesse en public ce qu'il a fait de pire. Ouvrez vos cœurs, maudits! Dites-vous les uns aux autres le mal que vous avez fait et celui que vous avez médité, ou sinon le poison du péché vous étouffera et vous mènera en enfer aussi sûrement que la pieuvre de la peste... Je m'accuse pour ma part, d'avoir souvent manqué de charité.

> *Trois confessions mimées suivront pendant le dialogue qui suit.*

AU PALAIS

LE GOUVERNEUR

Tout s'arrangera. L'ennuyeux, c'est que je devais aller à la chasse. Ces choses-là arrivent toujours quand on a quelque affaire importante. Comment faire?

Le premier alcade

Ne manquez point la chasse, ne serait-ce que pour l'exemple. La ville doit savoir quel front serein vous savez montrer dans l'adversité.

A L'ÉGLISE

Tous

Pardonnez-nous, mon Dieu, ce que nous avons fait et ce que nous n'avons point fait !

DANS LA MAISON DU JUGE

Le juge lit des psaumes entouré de sa famille.

Le juge

« Le seigneur est mon refuge et ma citadelle

Car c'est lui qui me préserve du piège de l'oiseleur

Et de la peste meurtrière ! »

57

LA FEMME

Casado, ne pouvons-nous sortir?

LE JUGE

Tu es beaucoup trop sortie dans ta vie, femme. Cela n'a pas fait notre bonheur.

LA FEMME

Victoria n'est pas rentrée et je crains le mal pour elle.

LE JUGE

Tu n'as pas toujours craint le mal pour toi. Et tu y as perdu l'honneur. Reste, c'est ici la maison tranquille au milieu du fléau. J'ai tout prévu et, barricadés pour le temps de la peste, nous attendrons la fin. Dieu aidant, nous ne souffrirons de rien.

LA FEMME

Tu as raison, Casado. Mais nous ne sommes pas les seuls. D'autres souffrent. Victoria est peut-être en danger.

Le juge

Laisse les autres et pense à la maison.
Pense à ton fils, par exemple. Fais venir
toutes les provisions que tu pourras. Paye
le prix qu'il faut. Mais engrange, femme,
engrange! Le temps est venu d'engranger!
(Il lit) : « Le seigneur est mon refuge et
ma citadelle...

A L'ÉGLISE

> *On reprend la suite.*

Le chœur

« Tu n'auras à craindre
Ni les terreurs de la nuit
Ni les flèches qui volent dans le jour
Ni la peste qui chemine dans l'ombre
Ni l'épidémie qui rampe en plein midi. »

Une voix

Oh! le grand et terrible Dieu!

> *Lumière sur la place. Déam-*
> *bulations du peuple sur le*
> *rythme d'une copla.*

LE CHŒUR

Tu as signé dans le sable
Tu as écrit sur la mer
Il ne reste que la peine.

Entre Victoria. Projecteur
sur la place.

VICTORIA

Diego, où est Diego?

UNE FEMME

Il est auprès des malades. Il soigne ceux
qui l'appellent.

Elle court à une extrémité de
la scène et se heurte à Diego
qui porte le masque des méde-
cins de la peste. Elle recule,
poussant un cri.

DIEGO, *doucement.*

Je te fais donc si peur, Victoria?

VICTORIA, *dans un cri.*

Oh! Diego, c'est enfin toi! Enlève ce

masque et serre-moi contre toi. Contre toi, contre toi et je serai sauvée de ce mal!

Il ne bouge pas.

VICTORIA

Qu'y a-t-il de changé entre nous, Diego? Voici des heures que je te cherche, courant à travers la ville, épouvantée à l'idée que le mal pourrait te toucher aussi, et te voici avec ce masque de tourment et de maladie. Quitte-le, quitte-le, je t'en prie et prends-moi contre toi! *(Il enlève son masque.)* Quand je vois tes mains, ma bouche se dessèche. Embrasse-moi!

Il ne bouge pas.

VICTORIA, *plus bas.*

Embrasse-moi, je meurs de soif. As-tu oublié que hier seulement nous nous sommes engagés l'un à l'autre. Toute la nuit, j'ai attendu ce jour où tu devais m'embrasser de toutes tes forces. Vite, vite!...

DIEGO

J'ai pitié, Victoria!

VICTORIA

Moi aussi, mais j'ai pitié de nous. Et c'est pourquoi je t'ai cherché, criant dans les rues, courant vers toi, mes bras tendus pour les nouer aux tiens!

Elle avance vers lui.

DIEGO

Ne me touche pas, écarte-toi!

VICTORIA

Pourquoi?

DIEGO

Je ne me reconnais plus. Un homme ne m'a jamais fait peur, mais ceci me dépasse, l'honneur ne me sert de rien et je sens que je m'abandonne. *(Elle avance vers lui.)* Ne me touche pas. Peut-être déjà le mal est-il en moi et je vais te le donner. Attends un peu. Laisse-moi respirer, car je suis étranglé de stupeur. Je ne sais même plus comment prendre ces hommes et les retourner dans leur lit. Mes mains tremblent d'horreur et la pitié bouche mes yeux. *(Des cris et des gémissements.)* Ils m'appellent pourtant, tu entends. Il faut que j'y aille. Mais veille sur toi, veille sur nous. Cela va finir, c'est sûr!

VICTORIA

Ne me quitte pas.

DIEGO

Cela va finir. Je suis trop jeune et je t'aime trop. La mort me fait horreur.

VICTORIA *s'élançant vers lui.*

Je suis vivante, moi!

DIEGO *(il recule).*

Quelle honte, Victoria, quelle honte.

VICTORIA

La honte, pourquoi la honte?

DIEGO

Il me semble que j'ai peur.

> *On entend des gémissements.*
> *Il court dans leur direction.*
> *Déambulations du peuple sur*
> *le rythme d'une copla.*

LE CHŒUR

Qui a raison et qui a tort?
Songe
Que tout ici bas est mensonge.
Il n'est rien de vrai que la mort.

> *Projecteur sur l'église et sur*
> *le palais du gouverneur.*
> *Psaumes et prières à l'église.*
> *Du palais le premier alcade*
> *s'adresse au peuple.*

LE PREMIER ALCADE

Ordre du gouverneur. A partir de ce jour, en signe de pénitence à l'endroit du malheur commun et pour éviter les risques de contagion, tout rassemblement public est interdit et tout divertissement prohibé. Aussi bien...

Une femme *se met à hurler*
au milieu du peuple.

Là! Là! On cache un mort. Il ne faut
pas le laisser. Il va tout pourrir! Honte des
hommes! Il faut le porter en terre!

Désordre. Deux hommes s'en
vont entraînant la femme.

L'alcade

Aussi bien le gouverneur est en mesure
de rassurer les citadins sur l'évolution du
fléau inattendu qui s'est abattu sur la
ville. De l'avis de tous les médecins, il
suffira que le vent de mer se lève pour
que la peste recule. Dieu aidant...

Mais les deux énormes coups
mats l'interrompent suivis de
deux autres coups cependant
que la cloche des morts sonne à
toute volée et que les prières
déferlent dans l'église. Puis seul
règne un silence terrifié au mi-

*lieu duquel entrent deux per-
sonnages étrangers, un homme
et une femme, que tous suivent
des yeux. L'homme est corpu-
lent. Tête nue. Il porte une
sorte d'uniforme avec une dé-
coration. La femme porte aussi
un uniforme, mais avec un col
et des manchettes blancs. Elle
a un bloc-notes en main. Ils
s'avancent jusque sous le palais du gouverneur et saluent.*

LE GOUVERNEUR

Que me voulez-vous, étrangers?

L'HOMME, *sur le ton de la courtoisie.*
Votre place.

TOUS

Quoi? Que dit-il?

LE GOUVERNEUR

Vous avez mal choisi votre moment.
et cette insolence peut vous coûter cher.

Mais sans doute aurons-nous mal compris.
Qui êtes-vous?

L'homme

Je vous le donne en mille!

Le premier alcade

Je ne sais pas qui vous êtes, étranger,
mais je sais où vous allez finir!

L'homme, *très calme*.

Vous m'impressionnez. Qu'en pensez-
vous, chère amie. Faut-il donc leur dire
qui je suis?

La secrétaire

D'habitude, nous y mettons plus de ma-
nières.

L'homme

Ces messieurs sont pourtant bien pres-
sants.

La secrétaire

Sans doute ont-ils leurs raisons. Après
tout, nous sommes en visite et nous de-
vons nous plier aux usages de ces lieux.

L'HOMME

Je vous comprends. Mais cela ne mettra-t-il pas un peu de désordre dans ces bons esprits?

LA SECRÉTAIRE

Un désordre vaut mieux qu'une impolitesse.

L'HOMME

Vous êtes convaincante. Mais il me reste quelques scrupules...

LA SECRÉTAIRE

De deux choses l'une...

L'HOMME

Je vous écoute...

LA SECRÉTAIRE

Ou vous le dites, ou vous ne le dites pas. Si vous le dites, on le saura. Si vous ne le dites pas, on l'apprendra.

L'HOMME

Cela m'éclaire tout à fait.

LE GOUVERNEUR

Cela suffit, en tout cas! Avant de prendre les mesures qui conviennent, je vous somme une dernière fois de dire qui vous êtes et ce que vous voulez.

L'HOMME, *toujours naturel.*

Je suis la peste. Et vous?

LE GOUVERNEUR

La peste?

L'HOMME

Oui, et j'ai besoin de votre place. Je suis désolé, croyez-le bien, mais je vais avoir beaucoup à faire. Si je vous donnais deux heures, par exemple? Cela vous suffirait-il pour me passer les pouvoirs?

LE GOUVERNEUR

Cette fois-ci vous êtes allé trop loin et vous serez puni de cette imposture. Gardes!

L'HOMME

Attendez! Je ne veux forcer personne. J'ai pour principe d'être correct. Je comprends que ma conduite paraisse surprenante, et, en somme, vous ne me connaissez pas. Mais je désire vraiment que vous me cédiez la place sans m'obliger à faire mes preuves. Ne pouvez-vous me croire sur parole?

LE GOUVERNEUR

Je n'ai pas de temps à perdre et cette plaisanterie a déjà trop duré. Arrêtez cet homme!

L'HOMME

Il faut donc se résigner. Mais tout cela est bien ennuyeux. Chère amie, voudriez-vous procéder à une radiation?

> *Il tend le bras vers un des gardes. La secrétaire raye ostensiblement quelque chose sur son bloc-notes. Le coup mat retentit. Le garde tombe. La secrétaire l'examine.*

LA SECRÉTAIRE

Tout est en ordre, Votre Honneur. Les

trois marques sont là. *(Aux autres, aimablement.)* Une marque, et vous êtes suspect. Deux, vous voilà contaminé. Trois, la radiation est prononcée. Rien n'est plus simple.

L'HOMME

Ah! J'oubliais de vous présenter ma secrétaire. Vous la connaissez du reste. Mais on rencontre tant de gens...

LA SECRÉTAIRE

Ils sont excusables! Et puis, on finit toujours par me reconnaître.

L'HOMME

Une heureuse nature, vous voyez! Gaie, contente, propre de sa personne...

LA SECRÉTAIRE

Je n'y ai pas de mérite. Le travail est plus facile au milieu des fleurs fraîches et des sourires.

L'HOMME

Ce principe est excellent. Mais revenons

71

à nos moutons! *(Au gouverneur.)* Vous ai-je donné une preuve suffisante de mon sérieux? Vous ne dites rien? Bon, je vous ai effrayé, naturellement. Mais c'est tout à fait contre mon gré, croyez-le bien. J'aurais préféré un arrangement à l'amiable, une convention basée sur la confiance réciproque, garantie par votre parole et la mienne, un accord conclu dans l'honneur en quelque sorte. Après tout, il n'est pas trop tard pour bien faire. Le délai de deux heures vous paraît-il suffisant?

Le gouverneur, secoue la tête
en signe de dénégation.

L'HOMME, *en se tournant*
vers la secrétaire.

Comme c'est désagréable!

LA SECRÉTAIRE, *secouant la tête.*

Un obstiné! Quel contretemps!

L'HOMME, *au gouverneur*

Je tiens pourtant à obtenir votre consentement. Je ne veux rien faire sans votre accord, ce serait contraire à mes principes. Ma collaboratrice va donc procéder à autant de radiations qu'il sera nécessaire pour obtenir de vous une libre approbation à la petite réforme que je propose. Etes-vous prête, chère amie?

LA SECRÉTAIRE

Le temps de tailler mon crayon qui s'est épointé et tout sera pour le mieux dans le meilleur des mondes.

L'HOMME *(il soupire).*

Sans votre optimisme, ce métier me serait bien pénible!

LA SECRÉTAIRE, *taillant son crayon.*

La parfaite secrétaire est sûre que tout peut toujours s'arranger, qu'il n'y a pas d'erreur de comptabilité qui ne finisse par se réparer, ni de rendez-vous manqué qui ne puisse se retrouver. Point de malheur qui n'ait son bon côté. La guerre elle-même a ses vertus et il n'est pas jusqu'aux cimetières qui ne puissent être de bonnes affaires lorsque les concessions à perpétuité sont dénoncées tous les dix ans.

LA SECRÉTAIRE

Vous parlez d'or... Votre crayon a-t-il sa pointe?

LA SECRÉTAIRE

Il l'a et nous pouvons commencer.

L'HOMME

Allons!

> *L'homme désigne Nada qui s'est avancé mais Nada éclate d'un rire d'ivrogne.*

LA SECRÉTAIRE

Puis-je vous signaler que celui-ci a le genre qui ne croit à rien et que ce genre-là nous est bien utile?

L'HOMME

Très juste. Prenons donc un des alcades.

> *Panique chez les alcades.*

LE GOUVERNEUR

Arrêtez!

LA SECRÉTAIRE

Bon signe, Votre Honneur!

L'HOMME, *empressé.*

Puis-je quelque chose pour vous, gouverneur.

LE GOUVERNEUR

Si je vous cède la place, moi, les miens et les alcades aurons-nous la vie sauve?

L'HOMME

Mais naturellement, voyons, c'est l'usage!

> *Le gouverneur confère avec les alcades, puis se tourne vers le peuple.*

LE GOUVERNEUR

Peuple de Cadix, vous comprenez, j'en suis sûr, que tout est changé maintenant? Dans votre intérêt même, il convient peut-être que je laisse cette ville à la puissance

75

nouvelle qui vient de s'y manifester. L'accord que je conclus avec elle évitera sans doute le pire et vous aurez ainsi la certitude de conserver hors de vos murs un gouvernement qui pourra un jour vous être utile? Ai-je besoin de vous dire que je n'obéis pas, parlant ainsi, au souci de ma sécurité, mais...

L'HOMME

Pardonnez-moi de vous interrompre. Mais je serais heureux de vous voir préciser publiquement que vous consentez de plein gré à ces utiles dispositions et qu'il s'agit naturellement d'un accord libre.

> *Le gouverneur regarde de leur côté. La secrétaire porte le crayon à sa bouche.*

LE GOUVERNEUR

Bien entendu, c'est dans la liberté que je conclus ce nouvel accord.

> *Il balbutie, recule et s'enfuit. L'exode commence.*

L'HOMME, *au premier alcade.*

S'il vous plaît, ne partez pas si vite! J'ai besoin d'un homme qui ait la confiance du peuple et par l'intermédiaire duquel je puisse faire connaître mes volontés. *(Le premier alcade hésite.)* Vous acceptez naturellement... *(A la secrétaire.)* Chère amie...

LE PREMIER ALCADE

Mais, naturellement, c'est un grand honneur.

L'HOMME

Parfait. Dans ces conditions, chère amie, vous allez communiquer à l'alcade ceux de nos arrêtés qu'il faut faire connaître à ces bonnes gens afin qu'ils commencent de vivre dans la réglementation.

LA SECRÉTAIRE

Ordonnance conçue et publiée par le premier alcade et ses conseillers...

LE PREMIER ALCADE

Mais je n'ai rien conçu encore...

77

La secrétaire

C'est une peine qu'on vous épargne. Et il me semble que vous devriez être flatté que nos services se donnent la peine de rédiger ce que vous allez ainsi avoir l'honneur de signer.

Le premier alcade

Sans doute, mais...

La secrétaire

Ordonnance donc faisant office d'acte promulgué en pleine obéissance des volontés de notre bien-aimé souverain, pour la réglementation et assistance charitable des citoyens atteints d'infection et pour la désignation de toutes les règles et de toutes les personnes telles que surveillants, gardiens, exécuteurs et fossoyeurs dont le serment sera d'appliquer strictement les ordres qui leur seront donnés.

Le premier alcade

Qu'est ce langage, je vous prie?

La secrétaire

C'est pour les habituer à un peu d'obscurité. Moins ils comprendront, mieux ils marcheront. Ceci dit, voici les ordonnances que vous allez faire crier par la ville l'une après l'autre, afin que la digestion en soit facilitée, même aux esprits les plus lents. Voici nos messagers. Leurs visages aimables aideront à fixer le souvenir de leurs paroles.

Les messagers se présentent.

Le peuple

Le gouverneur s'en va, le gouverneur s'en va!

Nada

Selon son droit, peuple, selon son droit. L'État, c'est lui, et il faut protéger l'État.

Le peuple

L'État, c'était lui, et maintenant, il

79

n'est plus rien. Puisqu'il s'en va, c'est la Peste qui est l'État.

NADA

Qu'est-ce que ça peut vous faire? Peste ou gouverneur, c'est toujours l'État.

> *Le peuple déambule et semble chercher des sorties. Un messager se détache.*

LE PREMIER MESSAGER

Toutes les maisons infectées devront être marquées au milieu de la porte d'une étoile noire d'un pied de rayon, ornée de cette inscription. « Nous sommes tous frères. » L'étoile devra rester jusqu'à la réouverture de la maison, sous peine des rigueurs de la loi.

Il se retire.

UNE VOIX

Quelle loi?

UNE AUTRE VOIX

La nouvelle, bien sûr.

Le chœur

Nos maîtres disaient qu'ils nous protégeraient, et voici pourtant que nous sommes seuls. Des brumes affreuses commencent à s'épaissir aux quatre coins de la ville, dissipent peu à peu l'odeur des fruits et des roses, ternissent la gloire de la saison, étouffent la jubilation de l'été. Ah, Cadix, cité marine! Hier encore, et par-dessus le détroit, le vent du désert, plus épais d'avoir passé sur les jardins africains, venait alanguir nos filles. Mais le vent est tombé, lui seul pouvait purifier la ville. Nos maîtres disaient que rien ne se passerait jamais et voici que l'autre avait raison, qu'il se passe quelque chose, que nous y sommes enfin et qu'il nous faut fuir, fuir sans tarder avant que les portes se referment sur notre malheur.

Le deuxième messager

Toutes les denrées de première nécessité seront désormais à la disposition de la communauté, c'est-à-dire qu'elles seront distribuées en parts égales et infimes à tous ceux qui pourront prouver leur loyale appartenance à la nouvelle société.

La première porte se ferme.

Le troisième messager

Tous les feux devront être éteints à neuf heures du soir et aucun particulier ne pourra demeurer dans un lieu public ou circuler dans les rues de la ville sans un laissez-passer en due forme qui ne sera délivré que dans des cas extrêmement rares et toujours de façon arbitraire. Tout contrevenant à ces dispositions sera puni des rigueurs de la loi.

Des voix, *crescendo*.

— On va fermer les portes.

— Les portes sont fermées.

— Non, toutes ne sont pas fermées.

Le chœur

Ah! Courons vers celles qui s'ouvrent

82

encore. Nous sommes les fils de la mer. C'est là-bas, c'est là-bas qu'il nous faut arriver, au pays sans murailles et sans portes, aux plages vierges où le sable a la fraîcheur des lèvres, et où le regard porte si loin qu'il se fatigue. Courons à la rencontre du vent. A la mer! La mer enfin, la mer libre, l'eau qui lave, le vent qui affranchit!

DES VOIX

A la mer! A la mer!

L'exode se précipite.

LE QUATRIÈME MESSAGER

Il est sévèrement interdit de porter assistance à toute personne frappée par la maladie, si ce n'est en la dénonçant aux autorités qui s'en chargeront. La dénonciation entre membres d'une même famille est particulièrement recommandée et sera récompensée par l'attribution d'une double ration alimentaire, dite ration civique.

La deuxième porte se ferme.

LE CHŒUR

A la mer! A la mer! La mer nous sauvera. Que lui font les maladies et les guerres! Elle a vu et recouvert bien des gouvernements! Elle n'offre que des matins rouges et des soirs verts et, du soir au matin, le froissement interminable de ses eaux tout le long de nuits débordantes d'étoiles!

O solitude, désert, baptême du sel! Etre seul devant la mer, dans le vent, face au soleil, enfin libéré de ces villes scellées comme des tombeaux et de ces faces humaines que la peur a verrouillées. Vite! Vite! Qui me délivrera de l'homme et de ses terreurs? J'étais heureux sur le sommet de l'année, abandonné parmi les fruits, la nature égale, l'été bienveillant. J'aimais le monde, il y avait l'Espagne et moi. Mais je n'entends plus le bruit des vagues. Voici les clameurs, la panique, l'insulte et la lâcheté, voici mes frères épaissis par la sueur et l'angoisse, et désormais trop lourds à porter. Qui me rendra les mers d'oubli, l'eau calme du large, ses routes liquides et ses sillages recouverts. A la mer! A la mer, avant que les portes se ferment!

UNE VOIX

Vite! Ne touche pas celui-ci qui était près du mort!

UNE VOIX

Il est marqué!

UNE VOIX

A l'écart! A l'écart!

> *Ils le frappent. La troisième porte se ferme.*

UNE VOIX

Oh! Le grand et terrible Dieu!

UNE VOIX

Vite! Prends ce qu'il faut, le matelas et la cage des oiseaux! N'oublie pas le collier du chien! Le pot de menthe fraîche aussi. Nous en mâcherons jusqu'à la mer!

UNE VOIX

Au voleur! Au voleur! Il a pris la nappe brodée de mon mariage!

> *On poursuit. On atteint. On frappe. La quatrième porte se ferme.*

UNE VOIX

Cache cela, veux-tu, cache nos provisions!

UNE VOIX

Je n'ai rien pour la route, donne-moi un pain, frère? Je te donnerai ma guitare incrustée de nacre.

UNE VOIX

Ce pain-ci est pour mes enfants, non pour ceux qui se disent mes frères. Il y a des degrés dans la parenté.

UNE VOIX

Un pain, tout mon argent pour un seul pain!

> *La cinquième porte se ferme.*

Le chœur

Vite! Une seule porte reste ouverte! Le
fléau va plus vite que nous. Il hait la mer
et ne veut pas que nous la retrouvions.
Les nuits sont calmes, les étoiles filent au-
dessus du mât. Que ferait ici la peste?
Elle veut nous garder sous elle, elle nous
aime à sa manière. Elle veut que nous
soyons heureux comme elle l'entend, non
comme nous le voulons. Ce sont les plaisirs
forcés, la vie froide, le bonheur à perpétuité. Tout se fixe, nous ne sentons plus
sur nos lèvres l'ancienne fraîcheur du vent.

Une voix

Prêtre, ne me quitte pas, je suis ton
pauvre! *Le prêtre fuit.*

Le pauvre

Il fuit, il fuit! Garde-moi près de toi!
C'est ton rôle de t'occuper de moi! Si je te
perds, alors j'ai tout perdu!

> *Le prêtre s'échappe. Le pau-
> vre tombe en criant.*

87

LE PAUVRE

Chrétiens d'Espagne, vous êtes abandonnés!

LE CINQUIÈME MESSAGER
(il détache ses paroles).

Enfin, et ceci sera le résumé.

> *La Peste et sa secrétaire devant le premier alcade, sourient et approuvent en se congratulant.*

LE CINQUIÈME MESSAGER

Afin d'éviter toute contagion par la communication de l'air, les paroles mêmes pouvant être le véhicule de l'infection, il est ordonné à chacun des habitants de garder constamment dans la bouche un tampon imbibé de vinaigre qui les préservera du mal en même temps qu'il les entraînera à la discrétion et au silence.

> *A partir de ce moment chacun met un mouchoir dans sa*

*bouche et le nombre des voix
diminue en même temps que
l'ampleur de l'orchestre. Le
chœur commencé à plusieurs
voix finira en une seule voix
jusqu'à la pantomime finale qui
se déroule dans un silence complet, les bouches des personnages gonflées et fermées.*

*La dernière porte claque à
toute volée.*

LE CHŒUR

Malheur! Malheur! Nous sommes seuls,
la Peste et nous! La dernière porte s'est
refermée! Nous n'entendons plus rien. La
mer est désormais trop loin. A présent,
nous sommes dans la douleur et nous
avons à tourner en rond dans cette ville
étroite, sans arbres et sans eaux, cadenas-
sée de hautes portes lisses, couronnée de
foules hurlantes, Cadix enfin comme une
arène noire et rouge où vont s'accomplir

les meurtres rituels. Frères, cette détresse est plus grande que notre faute, nous n'avons pas mérité cette prison! Notre cœur n'était pas innocent, mais nous aimions le monde et ses étés : ceci aurait dû nous sauver! Les vents sont en panne et le ciel est vide! Nous allons nous taire pour longtemps. Mais une dernière fois, avant que nos bouches se ferment sous le bâillon de la terreur, nous crierons dans le désert.

Gémissements et silence.
De l'orchestre, il ne reste plus que les cloches. Le bourdonnement de la comète reprend doucement. Dans le palais du gouverneur réapparaissent la Peste et sa secrétaire. La secrétaire avance, rayant un nom à chaque pas, tandis que la batterie scande chacun de ses gestes. Nada ricane et la première char-

rette de morts passe en grinçant.
La Peste se dresse au sommet
du décor et fait un signe. Tout
s'arrête, mouvements et bruits.
La Peste parle.

LA PESTE

Moi, je règne, c'est un fait, c'est donc un droit. Mais c'est un droit qu'on ne discute pas : vous devez vous adapter.

Du reste, ne vous y trompez pas, si je règne c'est à ma manière et il serait plus juste de dire que je fonctionne. Vous autres, Espagnols, êtes un peu romanesques et vous me verriez volontiers sous l'aspect d'un roi noir ou d'un somptueux insecte. Il vous faut du pathétique, c'est connu ! Eh bien ! non. Je n'ai pas de sceptre, moi, et j'ai pris l'air d'un sous-officier. C'est la façon que j'ai de vous vexer, car il est bon que vous soyez vexés : vous avez tout à apprendre. Votre roi a les ongles noirs et l'uniforme strict. Il ne

trône pas, il siège. Son palais est une ca-
serne, son pavillon de chasse, un tribunal.
L'état de siège est proclamé.

C'est pourquoi, notez cela, lorsque j'arrive, le pathétique s'en va. Il est interdit,
le pathétique, avec quelques autres ba-
lançoires comme la ridicule angoisse du
bonheur, le visage stupide des amoureux,
la contemplation égoïste des paysages et
la coupable ironie. A la place de tout cela,
j'apporte l'organisation. Ça vous gênera
un peu au début, mais vous finirez par
comprendre qu'une bonne organisation
vaut mieux qu'un mauvais pathétique.
Et pour illustrer cette belle pensée, je
commence par séparer les hommes des
femmes : ceci aura force de loi.

Ainsi font les gardes.

Vos singeries ont fait leur temps. Il
s'agit maintenant d'être sérieux!

Je suppose que vous m'avez déjà compris. A partir d'aujourd'hui, vous allez

apprendre à mourir dans l'ordre. Jusqu'ici vous mourriez à l'espagnole, un peu au hasard, au jugé pour ainsi dire. Vous mourriez parce qu'il avait fait froid après qu'il eut fait chaud, parce que vos mulets bronchaient, parce que la ligne des Pyrénées était bleue, parce qu'au printemps le fleuve Guadalquivir est attirant pour le solitaire, ou parce qu'il y a des imbéciles mal embouchés qui tuent pour le profit ou pour l'honneur, quand il est tellement plus distingué de tuer pour les plaisirs de la logique. Oui, vous mourriez mal. Un mort par-ci, un mort par-là, celui-ci dans son lit, celui-là dans l'arène : c'était du libertinage. Mais heureusement, ce désordre va être administré. Une seule mort pour tous et selon le bel ordre d'une liste. Vous aurez vos fiches, vous ne mourrez plus par caprice. Le destin, désormais s'est assagi, il a pris ses bureaux. Vous serez dans la statistique et vous allez enfin servir à quelque chose. Parce que j'oubliais de vous le dire, vous mourrez, c'est entendu, mais vous serez incinérés ensuite, ou même avant : c'est plus propre et ça fait partie du plan. Espagne d'abord!

Se mettre en rangs pour bien mourir, voilà donc le principal! A ce prix vous aurez ma faveur. Mais attention aux idées déraisonnables, aux fureurs de l'âme, comme vous dites, aux petites fièvres qui font les grandes révoltes. J'ai supprimé ces complaisances et j'ai mis la logique à eur place. J'ai horreur de la différence et de la déraison. A partir d'aujourd'hui, vous serez donc raisonnables, c'est-à-dire que vous aurez votre insigne. Marqués aux aines, vous porterez publiquement sous l'aisselle l'étoile du bubon qui vous désignera pour être frappés. Les autres, ceux qui, persuadés que ça ne les concerne pas, font la queue aux arènes du dimanche, s'écarteront de vous qui serez suspects. Mais n'ayez aucune amertume : ça les concerne. Ils sont sur la liste et je n'oublie personne. Tous suspects, c'est le bon commencement.

Du reste, tout cela n'empêche pas la sentimentalité. J'aime les oiseaux, les premières violettes, la bouche fraîche des jeunes filles. De loin en loin, c'est rafraîchissant et il est bien vrai que je suis idéaliste. Mon cœur... Mais je sens que je m'attendris et je ne veux pas aller plus loin. Résumons-nous seulement. Je vous apporte le silence, l'ordre et l'absolue justice. Je ne vous demande pas de m'en remercier, ce que je fais pour vous étant bien naturel. Mais j'exige votre collaboration active. Mon ministère est commencé.

RIDEAU

DEUXIÈME PARTIE

*Une place de Cadix. Côté jardin, la
conciergerie du cimetière. Côté cour,
un quai. Près du quai, la maison du
juge.*

*Au lever du rideau, les fossoyeurs
en tenue de bagnard relèvent des morts.
Le grincement de la charrette se fait
entendre en coulisse. Elle entre et s'arrête au milieu de la scène. Les bagnards
la chargent. Elle repart vers la conciergerie. Au moment où elle s'arrête devant le cimetière, musique militaire et
la conciergerie s'ouvre au public par
un de ses pans. Elle ressemble à un
préau d'école. La secrétaire y trône. Un
peu plus bas, des tables comme celles*

où l'on distribue les cartes de ravitail-
lement. Derrière l'une d'elles, le pre-
mier alcade avec sa moustache blanche,
entouré de fonctionnaires. La mu-
sique se renforce. De l'autre côté, les
gardes chassent le peuple devant eux
et l'amènent devant et dans la concier-
gerie, femmes et hommes séparés.

Lumière au centre. Du haut de son
palais, la Peste dirige des ouvriers in-
visibles dont on aperçoit seulement
l'agitation autour de la scène.

LA PESTE

Allons, vous autres, dépêchons. Les choses
vont bien lentement dans cette ville, ce
peuple-ci n'est pas travailleur. Il aime le
loisir, c'est visible. Moi, je ne conçois l'inac-
tivité que dans les casernes et dans les
files d'attente. Ce loisir-là est bon, il vide
le cœur et les jambes. C'est un loisir qui
ne sert à rien. Dépêchons! Finissez de

planter ma tour, la surveillance n'est pas en place. Entourez la ville de haies piquantes. A chacun son printemps, le mien a des roses de fer. Allumez les fours, ce sont nos feux de joie. Gardes! placez nos étoiles sur les maisons dont j'ai l'intention de m'occuper. Vous, chère amie, commencez de dresser nos listes et faites établir nos certificats d'existence!

La Peste sort de l'autre côté.

LE PÊCHEUR *(c'est le coryphée).*

Un certificat d'existence, pourquoi faire?

LA SECRÉTAIRE

Pourquoi faire? Comment vous passeriez-vous d'un certificat d'existence pour vivre?

LE PÊCHEUR

Jusqu'ici nous avions très bien vécu sans ça.

LA SECRÉTAIRE

C'est que vous n'étiez pas gouvernés.

Tandis que vous l'êtes maintenant. Et le grand principe de notre gouvernement est justement qu'on a toujours besoin d'un certificat. On peut se passer de pain et de femme, mais une attestation en règle, et qui certifie n'importe quoi, voilà ce dont on ne saurait se priver!

LE PÊCHEUR

Cela fait trois générations qu'on jette les filets dans ma famille et le travail s'est toujours fait fort proprement; sans un papier écrit, je vous le jure bien!

UNE VOIX

Nous sommes bouchers de père en fils. Et pour abattre les moutons, nous ne nous servons pas d'un certificat.

LA SECRÉTAIRE

Vous étiez dans l'anarchie, voilà tout! Remarquez que nous n'avons rien contre les abattoirs, au contraire! Mais nous y avons introduit les perfectionnements de la comptabilité. C'est là notre supériorité. Quant aux coups de filet, vous verrez aussi que nous sommes d'une jolie force.

Monsieur le premier alcade, avez-vous les formulaires?

LE PREMIER ALCADE

Les voici.

LA SECRÉTAIRE

Gardes, voulez-vous aider monsieur à avancer!

On fait avancer le pêcheur.

LE PREMIER ALCADE *(il lit).*

Noms, prénoms, qualité.

LA SECRÉTAIRE

Passez cela qui va de soi. Monsieur remplira les blancs lui-même.

LE PREMIER ALCADE

Curriculum vitæ.

LE PÊCHEUR

Je ne comprends pas.

LA SECRÉTAIRE

Vous devez indiquer ici les événements importants de votre vie. C'est une manière de faire votre connaissance!

LE PÊCHEUR

Ma vie est à moi. C'est du privé, et qui ne regarde personne.

LA SECRÉTAIRE

Du privé! Ces mots n'ont pas de sens pour nous. Il s'agit naturellement de votre vie publique. La seule d'ailleurs qui vous soit autorisée. Monsieur l'alcade, passez au détail.

LE PREMIER ALCADE

Marié?

LE PÊCHEUR

En 31.

LE PREMIER ALCADE

Motifs de l'union?

LE PÊCHEUR

Motifs! Le sang va m'étouffer!

LA SECRÉTAIRE

Cela est écrit. Et c'est une bonne manière de rendre public ce qui doit cesser d'être personnel!

LE PÊCHEUR

Je me suis marié parce que c'est ce qu'on fait quand on est un homme.

LE PREMIER ALCADE

Divorcé?

LE PÊCHEUR

Non, veuf.

LE PREMIER ALCADE

Remarié?

LE PÊCHEUR

Non.

LA SECRÉTAIRE

Pourquoi?

LE PÊCHEUR *(hurlant)*.

J'aimais ma femme.

La secrétaire

Bizarre! Pourquoi?

Le pêcheur

Peut-on tout expliquer?

La secrétaire

Oui, dans une société bien organisée!

Le premier alcade

Antécédents?

Le pêcheur

Qu'est-ce encore?

La secrétaire

Avez-vous été condamné pour pillage, parjure, ou viol?

Le pêcheur

Jamais!

La secrétaire

Un honnête homme, je m'en doutais! Monsieur le premier alcade, vous ajouterez la mention : à surveiller.

LE PREMIER ALCADE

Sentiments civiques?

LE PÊCHEUR

J'ai toujours bien servi mes concitoyens.
Je n'ai jamais laissé partir un pauvre sans
quelque bon poisson.

LA SECRÉTAIRE

Cette manière de répondre n'est pas
autorisée.

LE PREMIER ALCADE

Oh! Ceci, je puis l'expliquer! Les sentiments civiques, vous pensez bien, c'est
ma partie! Il s'agit de savoir, mon brave,
si vous êtes de ceux qui respectent l'ordre
existant pour la seule raison qu'il existe?

LE PÊCHEUR

Oui, lorsqu'il est juste et raisonnable.

LA SECRÉTAIRE

Douteux! Inscrivez que les sentiments
civiques sont douteux! Et lisez la dernière
question.

LE PREMIER ALCADE *déchiffrant péniblement.*

Raisons d'être?

LE PÊCHEUR

Que ma mère soit mordue à l'endroit du péché si je comprends quelque chose à ce patois.

LA SECRÉTAIRE

Cela signifie qu'il faut donner les raisons que vous avez d'être en vie.

LE PÊCHEUR

Les raisons! Quelles raisons voulez-vous que je trouve?

LA SECRÉTAIRE

Vous voyez! Notez-le bien, monsieur le premier alcade, le soussigné reconnaît que son existence est injustifiable. Nous en serons plus libres quand le moment viendra. Et vous, soussigné, vous comprendrez mieux que le certificat d'existence qui vous sera délivré soit provisoire et à terme.

LE PÊCHEUR

Provisoire ou non, donnez-le-moi que je retourne enfin à la maison où l'on m'attend.

LA SECRÉTAIRE

Certes! Mais auparavant, il vous faudra fournir un certificat de santé qui vous sera délivré, au moyen de quelques formalités, au premier étage, division des affaires en cours, bureau des attentes, section auxiliaire.

> *Il sort. La charrette des morts est arrivée pendant ce temps à la porte du cimetière et on commence à la décharger. Mais Nada ivre saute de la charrette en hurlant.*

NADA

Mais puisque je vous dis que je ne suis pas mort!

> *On veut le remettre dans la*

*charrette. Il s'échappe et entre
dans la conciergerie.*

NADA

Enfin quoi! Si j'étais mort, on le saurait! Oh! pardon!

LA SECRÉTAIRE

Ce n'est rien. Approchez.

NADA

Ils m'ont chargé dans la charrette. Mais j'avais trop bu, voilà tout! Histoire de supprimer!

LA SECRÉTAIRE

Supprimer quoi?

NADA

Tout, ma jolie! Plus on supprime et mieux vont les choses. Et si on supprime tout, voici le paradis! Les amoureux, tenez! J'ai horreur de ça! Quand ils passent devant moi, je crache dessus. Dans leur dos, bien entendu, parce qu'il y en a de rancuniers! Et les enfants, cette sale engeance! Les fleurs, avec leur air bête, les rivières, incapables de changer d'idée! Ah! Supprimons, supprimons! C'est ma philosophie! Dieu nie le monde, et moi je nie Dieu! Vive rien puisque c'est la seule chose qui existe!

LA SECRÉTAIRE

Et comment supprimer tout ça?

NADA

Boire, boire jusqu'à la mort et tout disparaît!

LA SECRÉTAIRE

Mauvaise technique! La nôtre est meilleure! Comment t'appelles-tu?

NADA

Rien.

LA SECRÉTAIRE

Comment?

NADA

Rien.

III

LA SECRÉTAIRE

Je te demande ton nom.

NADA

C'est là mon nom.

LA SECRÉTAIRE

Bon cela! Avec un nom pareil, nous avons tout à faire ensemble! Passe de ce côté-ci. Tu seras fonctionnaire de notre royaume.

Entre le pêcheur.

Monsieur l'alcade, voulez-vous mettre au courant notre ami Rien. Pendant ce temps vous, gardes, vous vendrez nos insignes. *(Elle s'avance vers Diego.)* Bonjour. Voulez-vous acheter un insigne?

DIEGO

Quel insigne?

LA SECRÉTAIRE

L'insigne de la peste, voyons. *(Un temps.)* Vous êtes libre de le refuser d'ailleurs. Il n'est pas obligatoire.

DIEGO

Je refuse donc.

LA SECRÉTAIRE

Très bien. *(Allant vers Victoria.)* Et vous?

VICTORIA

Je ne vous connais pas.

LA SECRÉTAIRE

Parfait. Je vous signale simplement que ceux qui refusent de porter cet insigne ont l'obligation d'en porter un autre.

DIEGO

Lequel?

LA SECRÉTAIRE

Eh bien, l'insigne de ceux qui refusent de porter l'insigne. De cette façon, on voit du premier coup à qui on a affaire.

LE PÊCHEUR

Je vous demande pardon...

LA SECRÉTAIRE *se retournant vers Diego et Victoria.*

A bientôt! *(Au pêcheur.)* Qu'est-ce qu'il y a encore?

LE PÊCHEUR *avec une fureur croissante.*

Je viens du premier étage, et on m'a répondu qu'il me fallait revenir ici afin d'obtenir le certificat d'existence sans lequel on ne me donnera pas de certificat de santé.

LA SECRÉTAIRE

C'est classique!

LE PÊCHEUR

Comment, c'est classique?

LA SECRÉTAIRE

Oui, cela prouve que cette ville commence à être administrée. Notre conviction, c'est que vous êtes coupables. Coupables d'être gouvernés naturellement. Encore faut-il que vous sentiez vous-mêmes que vous êtes coupables. Et vous ne vous trouverez pas coupables tant que vous ne vous sentirez pas fatigués. On vous fatigue, voilà tout. Quand vous serez achevé de fatigue, le reste ira tout seul.

LE PÊCHEUR

Puis-je du moins avoir ce sacré certificat d'existence?

LE SECRÉTAIRE

En principe non, puisqu'il vous faut d'abord un certificat de santé pour avoir un certificat d'existence. Apparemment, il n'y a pas d'issue.

LE PÊCHEUR

Alors?

LE SECRÉTAIRE

Alors, il reste notre bon plaisir. Mais il est à court terme, comme tout bon plaisir. Nous vous donnons donc ce certificat par faveur spéciale. Simplement il ne sera valable que pour une semaine. Dans une semaine, nous verrons.

LE PÊCHEUR

Nous verrons quoi?

LA SECRÉTAIRE

Nous verrons s'il y a lieu de vous le
renouveler.

LE PÊCHEUR

Et s'il n'est pas renouvelé?

LA SECRÉTAIRE

Votre existence n'ayant plus sa garantie, on procédera sans doute à une radiation. Monsieur l'alcade, faites établir ce
certificat en treize exemplaires.

LE PREMIER ALCADE

Treize?

LA SECRÉTAIRE

Oui! Un pour l'intéressé et douze pour
le bon fonctionnement.

Lumière au centre.

LA PESTE

Faites commencer les grands travaux

inutiles. Vous, chère amie, tenez prête la balance des déportations et concentrations. Activez la transformation des innocents en coupables pour que la main-d'œuvre soit suffisante. Déportez ce qui est important! Nous allons manquer d'hommes, c'est sûr! Où en est le recensement?

La secrétaire

Il est en cours, tout est pour le mieux et il me semble que ces braves gens m'ont comprise!

La Peste

Vous avez l'attendrissement trop prompt, chère amie. Vous éprouvez le besoin d'être comprise. C'est une faute dans notre métier. Ces braves gens, comme vous dites, n'ont naturellement rien compris, mais cela est sans importance! L'essentiel n'est pas qu'ils comprennent, mais qu'ils s'exécutent. Tiens! C'est une expression qui a du sens, ne trouvez-vous pas?

LA SECRÉTAIRE

Quelle expression?

LA PESTE

S'exécuter. Allons, vous autres, exécutez-vous, exécutez-vous! Hein! Quelle for-
mule!

LA SECRÉTAIRE

Magnifique!

LA PESTE

Magnifique! On y trouve tout! L'image
de l'exécution d'abord, qui est une image
attendrissante et puis l'idée que l'exécuté
collabore lui-même à son exécution, ce qui
est le but et la consolidation de tout bon
gouvernement!

Du bruit au fond.

LA PESTE

Qu'est-ce que c'est?

Le chœur des femmes s'agite.

LA SECRÉTAIRE

Ce sont les femmes qui s'agitent.

LE CHŒUR

Celle-ci a quelque chose à dire.

LA PESTE

Avance.

UNE FEMME *s'avançant.*

Où est mon mari?

LA PESTE

Allons bon ! Voilà le cœur humain, comme on dit! Qu'est-ce qu'il lui est arrivé à ce mari?

LA FEMME

Il n'est pas rentré.

LA PESTE

C'est banal. Ne te soucie de rien. Il a déjà trouvé un lit.

LA FEMME

Celui-là est un homme et il se respecte.

LA PESTE

Naturellement, un phénix! Voyez donc ça, chère amie.

La secrétaire

Noms et prénoms!

La femme

Galvez, Antonio.

La secrétaire regarde son carnet et parle à l'oreille de la Peste.

La secrétaire

Eh bien! Il a la vie sauve, sois heureuse.

La femme

Quelle vie?

La secrétaire

La vie de château!

La Peste

Oui, je l'ai déporté avec quelques autres qui faisaient du bruit et que j'ai voulu épargner.

La femme *reculant.*

Qu'en avez-vous fait?

LA PESTE, *avec une rage hystérique.*

Je les ai concentrés. Jusqu'ici, ils vivaient dans la dispersion et la frivolité, un peu délayés pour ainsi dire! Maintenant ils sont plus fermes, ils se concentrent!

LA FEMME *fuyant vers le chœur
qui s'ouvre pour l'accueillir.*

Ah! Misère! Misère sur moi!

LE CHŒUR

Misère! Misère sur nous!

LA PESTE

Silence! Ne restez pas inactives! Faites quelque chose! Occupez-vous! *(Rêveur.)* Ils s'exécutent, ils s'occupent, ils se concentrent. La grammaire est une bonne chose et qui peut servir à tout!

> *Lumière rapide sur la conciergerie où Nada est assis, avec l'alcade. Devant lui, des files d'administrés.*

UN HOMME

La vie a augmenté et les salaires sont devenus insuffisants.

NADA

Nous le savions et voici un nouveau barème. Il vient d'être établi.

L'HOMME

Quel sera le pourcentage d'augmentation?

NADA *(il lit)*.

C'est très simple! Barème numéro 108. « L'arrêté de revalorisation des salaires interprofessionnels et subséquents porte suppression du salaire de base et libération inconditionnelle des échelons mobiles qui reçoivent ainsi licence de rejoindre un salaire maximum qui reste à prévoir. Les échelons, soustraction faite des majorations consenties fictivement par le barème numéro 107 continueront cependant d'être calculés, en dehors des modalités proprement dites de reclassement, sur le salaire de base précédemment supprimé. »

L'HOMME

Mais quelle augmentation cela représente-t-il?

NADA

L'augmentation est pour plus tard, le barème pour aujourd'hui. Nous les augmentons d'un barème, voilà tout.

L'HOMME

Mais que voulez-vous qu'ils fassent de ce barème?

NADA *hurlant.*

Qu'ils le mangent! Au suivant. *(Un autre homme se présente.)* Tu veux ouvrir un commerce. Riche idée, ma foi. Eh! bien, commence par remplir ce formulaire. Mets tes doigts dans cette encre. Pose-les ici. Parfait.

L'HOMME

Où puis-je m'essuyer?

NADA

Où puis-je m'essuyer? *(Il feuillette un dossier.)* Nulle part. Ce n'est pas prévu par le règlement.

L'HOMME

Mais je ne puis rester ainsi.

NADA

Pourquoi pas? Du reste, qu'est-ce que cela te fait puisque tu n'as pas le droit de toucher à ta femme. Et puis, c'est bon pour ton cas.

L'HOMME

Comment, c'est bon?

NADA

Oui. Ça t'humilie, donc c'est bon. Mais revenons à ton commerce. Préfères-tu bénéficier de l'article 208 du chapitre 62 de la seizième circulaire comptant pour le cinquième règlement général ou bien l'alinéa 27 de l'article 207 de la circulaire 15 comptant pour le règlement particulier?

Un homme

Mais je ne connais ni l'un ni l'autre de ces textes!

Nada

Bien sûr, homme! Tu ne les connais pas. Moi non plus. Mais comme il faut cependant se décider, nous allons te faire bénéficier des deux à la fois.

L'homme

C'est beaucoup, Nada, et je te remercie.

Nada

Ne me remercie pas. Car il paraît que l'un de ces articles te donne le droit d'avoir ta boutique, tandis que l'autre t'enlève celui d'y vendre quelque chose.

L'homme

Qu'est-ce donc que cela?

Nada

L'ordre!

Une femme arrive, affolée.

125

NADA

Qu'y a-t-il, femme?

LA FEMME

On a réquisitionné ma maison.

NADA

Bon.

LA FEMME

On y a installé des services administratifs.

NADA

Cela va de soi!

LA FEMME

Mais je suis dans la rue et l'on a promis de me reloger.

NADA

Tu vois, on a pensé à tout!

LA FEMME

Oui, mais il faut faire une demande qui suivra son cours. En attendant, mes enfants sont à la rue.

NADA

Raison de plus pour faire ta demande. Remplis ce formulaire.

LA FEMME *(elle prend le formulaire).*
Mais cela ira-t-il vite?

NADA

Cela peut aller vite à condition que tu fournisses une justification d'urgence.

LA FEMME

Qu'est-ce que c'est?

NADA

Une pièce qui atteste qu'il est urgent pour toi de n'être plus à la rue.

LA FEMME

Mes enfants n'ont pas de toit, quoi de plus pressé que de leur en donner un?

NADA

On ne te donnera pas un logement parce que tes enfants sont dans la rue. On te donnera un logement si tu fournis une attestation. Ce n'est pas la même chose.

LA FEMME

Je n'ai jamais rien entendu à ce langage. Le diable parle ainsi et personne ne le comprend!

NADA

Ce n'est pas un hasard, femme. Il s'agit ici de faire en sorte que personne ne se comprenne, tout en parlant la même langue. Et je puis bien te dire que nous approchons de l'instant parfait où tout le monde parlera sans jamais trouver d'écho, et où les deux langages qui s'affrontent dans cette ville se détruiront l'un l'autre avec une telle obstination qu'il faudra bien que tout s'achemine vers l'accomplissement dernier qui est le silence et la mort.

LA FEMME

Ensemble { La justice est que les enfants mangent à leur faim et n'aient pas froid. La justice

est que mes petits vivent. Je
les ai mis au monde sur une
terre de joie. La mer a fourni
l'eau de leur baptême. Ils n'ont
pas besoin d'autres richesses.
Je ne demande rien pour eux
que le pain de tous les jours
et le sommeil des pauvres. Ce
n'est rien et pourtant c'est cela
que vous refusez. Et si vous
refusez aux malheureux leur
Ensembl pain, il n'est pas de luxe, ni
de beau langage, ni de pro-
messes mystérieuses qui vous
le fassent jamais pardonner.

NADA

Choisissez de vivre à genoux
plutôt que de mourir debout
afin que l'univers trouve son
ordre mesuré à l'équerre des
potences, partagé entre les
morts tranquilles et les four-

129

5

Ensemble mis désormais bien élevées, paradis puritain privé de prairies et de pain, où circulent des anges policiers aux ailes majuscules parmi des bienheureux rassasiés de papier et de nourrissantes formules, prosternés devant le Dieu décoré destructeur de toutes choses et décidément dévoué à dissiper les anciens délires d'un monde trop délicieux.

NADA

Vive rien ! Personne ne se comprend plus : nous sommes dans l'instant parfait !

Lumière au centre. On aperçoit en découpure des cabanes et des barbelés, des miradors et quelques autres monuments hostiles. Entre Diego vêtu du masque, l'allure traquée. Il aperçoit les monuments, le peuple et la Peste.

DIEGO *s'adressant au chœur.*

Où est l'Espagne? Où est Cadix? Ce décor n'est d'aucun pays! Nous sommes dans un autre monde où l'homme ne peut pas vivre. Pourquoi êtes-vous muets?

LE CHŒUR

Nous avons peur! Ah! si le vent se levait...

DIEGO

J'ai peur aussi. Cela fait du bien de crier sa peur! Criez, le vent répondra.

LE CHŒUR

Nous étions un peuple et nous voici une masse! On nous invitait, nous voici convoqués! Nous échangions le pain et le lait, maintenant nous sommes ravitaillés! Nous piétinons! *(Ils piétinent.)* Nous piétinons et nous disons que personne ne peut rien pour personne et qu'il faut attendre à notre place, dans le rang qui nous est assigné! A quoi bon crier? Nos femmes n'ont plus le visage de fleur qui nous faisait souffler de désir, l'Espagne a disparu! Piétinons! Piétinons! Ah douleur! C'est nous que nous piétinons! Nous étouffons dans cette ville close! Ah! si le vent se levait...

LA PESTE

Ceci est la sagesse. Approche Diego, maintenant que tu as compris.

> *Dans le ciel, bruit des radiations.*

DIEGO

Nous sommes innocents!

> *La Peste éclate de rire.*

DIEGO *criant.*

L'innocence, bourreau, comprends-tu cela, l'innocence!

LA PESTE

L'innocence! Connais pas!

DIEGO

Alors, approche. Le plus fort tuera l'autre.

LA PESTE

Le plus fort, c'est moi, innocent. Regarde.

> *Il fait un signe aux gardes qui s'avancent vers Diego. Celui-ci fuit.*

LA PESTE

Courez après lui ! Ne le laissez pas s'échapper! Celui qui fuit nous appartient! Marquez-le.

> *Des gardes courent après Diego. Poursuite mimée sur les praticables. Sifflets. Sirènes. d'alerte.*

LE CHŒUR

L'autre court! Il a peur et il le dit. Il n'a pas sa maîtrise, il est dans la folie!

Nous, nous sommes devenus sages. Nous sommes administrés. Mais dans le silence des bureaux, nous écoutons un long cri contenu qui est celui des cœurs séparés et qui nous parle de la mer sous le soleil de midi, de l'odeur des roseaux dans le soir, des bras frais de nos femmes. Nos faces sont scellées, nos pas comptés, nos heures ordonnées, mais notre cœur refuse le silence. Il refuse les listes et les matricules, les murs qui n'en finissent pas, les barreaux aux fenêtres, les petits matins hérissés de fusils. Il refuse comme celui-ci qui court pour atteindre une maison, fuyant ce décor d'ombres et de chiffres, pour retrouver enfin un refuge. Mais le seul refuge est la mer dont ces murs nous séparent. Que le vent se lève et nous pourrons enfin respirer...

> *Diego s'est en effet précipité dans une maison. Les gardes s'arrêtent devant la porte et y postent des sentinelles.*

La Peste *hurlant.*

Marquez-le! Marquez-les tous! Même ce qu'ils ne disent pas peut encore s'entendre! Ils ne peuvent plus protester, mais leur silence grince! Écrasez leurs bouches! Bâillonnez-les et apprenez-leur les maîtres-mots jusqu'à ce qu'eux aussi répètent toujours la même chose, jusqu'à ce qu'ils deviennent enfin les bons citoyens dont nous avons besoin.

> *Des cintres, tombent alors, vibrants comme s'ils passaient par des hauts - parleurs, des nuées de slogans qui s'amplifient à mesure qu'ils sont répétés et qui recouvrent le chœur à bouche fermée jusqu'à ce que règne un silence total.*

Une seule peste, un seul peuple! Concentrez-vous, exécutez-vous, occupez-vous!

Une bonne peste vaut mieux que deux libertés!

Déportez, torturez, il en restera toujours quelque chose!

Lumière chez le juge.

VICTORIA

Non, père. Vous ne livrerez pas cette vieille servante sous prétexte qu'elle est contaminée. Oubliez-vous qu'elle m'a élevée et qu'elle vous a servi sans jamais se plaindre.

LE JUGE

Ce qu'une fois j'ai décidé, qui oserait le reprendre?

VICTORIA

Vous ne pouvez décider de tout. La douleur a aussi ses droits.

LE JUGE

Mon rôle est de préserver cette maison et d'empêcher que le mal y pénètre. Je...

Entre soudain Diego.

LE JUGE

Qui t'a permis d'entrer ici?

DIEGO

C'est la peur qui m'a poussé chez toi!
Je fuis la Peste.

LE JUGE

Tu ne la fuis pas, tu la portes avec toi.
*(Il montre du doigt à Diego la marque
qu'il porte maintenant à l'aisselle. Silence.
Deux ou trois coups de sifflet au loin.)*
Quitte cette maison.

DIEGO

Garde-moi! Si tu me chasses, ils me
mêleront à tous les autres et ce sera l'en-
tassement de la mort.

LE JUGE

Je suis le serviteur de la loi, je ne puis
t'accueillir ici.

DIEGO

Tu servais l'ancienne loi. Tu n'as rien
à faire avec la nouvelle.

137

Le juge

Je ne sers pas la loi pour ce qu'elle dit, mais parce qu'elle est la loi.

Diego

Mais si la loi est le crime?

Le juge

Si le crime devient la loi, il cesse d'être crime.

Diego

Et c'est la vertu qu'il faut punir!

Le juge

Il faut la punir, en effet, si elle a l'arrogance de discuter la loi.

Victoria

Casado, ce n'est pas la loi qui te fait agir, c'est la peur.

Le juge

Celui-ci aussi a peur.

Victoria

Mais il n'a encore rien trahi.

138

LE JUGE

Il trahira. Tout le monde trahit parce que tout le monde a peur. Tout le monde a peur parce que personne n'est pur.

VICTORIA

Père, j'appartiens à cet homme, vous y avez consenti. Et vous ne pouvez me l'enlever aujourd'hui après me l'avoir donné hier.

LE JUGE

Je n'ai pas dit oui à ton mariage. J'ai dit oui à ton départ.

VICTORIA

Je savais que vous ne m'aimiez pas.

LE JUGE *la regarde.*

Toute femme me fait horreur.

> *On frappe brutalement à la porte.*

Qu'est-ce que c'est?

UN GARDE, *au-dehors.*

La maison est condamnée pour avoir abrité un suspect. Tous les habitants sont en observation.

DIEGO *éclatant de rire.*

La loi est bonne, tu le sais bien. Mais elle est un peu nouvelle et tu ne la connaissais pas tout à fait. Juge, accusés et témoins, nous voilà tous frères !

Entrent la femme du juge, le jeune fils et la fille.

LA FEMME

On a barricadé la porte.

VICTORIA

La maison est condamnée.

LE JUGE

A cause de lui. Et je vais le dénoncer. Ils ouvriront alors la maison.

VICTORIA

Père, l'honneur vous le défend.

Le juge

L'honneur est une affaire d'hommes et il n'y a plus d'hommes dans cette ville.

> *On entend des sifflets, le bruit d'une course qui se rapproche. Diego écoute, jette de tous côtés des regards affolés et saisit tout d'un coup l'enfant.*

Diego

Regarde, homme de la loi! Si tu fais un seul geste, j'écraserais la bouche de ton fils sur le signe de la peste.

Victoria

Diego, ceci est lâche.

Diego

Rien n'est lâche dans la cité des lâches.

La femme *courant vers le juge.*

Promets, Casado! Promets à ce fou ce qu'il veut.

141

LA FILLE DU JUGE

Non, père, n'en fais rien. Ceci ne nous regarde pas.

LA FEMME

Ne l'écoute pas. Tu sais bien qu'elle hait son frère.

LE JUGE

Elle a raison. Ceci ne nous regarde pas.

LA FEMME

Et toi aussi, tu hais mon fils.

LE JUGE

Ton fils, en effet.

LA FEMME

Oh! tu n'es pas un homme d'oser rappeler ceci qui avait été pardonné.

LE JUGE

Je n'ai pas pardonné. J'ai suivi la loi qui, aux yeux de tous, me rendait père de cet enfant.

VICTORIA

Est-ce vrai, mère?

LA FEMME

Toi aussi tu me méprises.

VICTORIA

Non. Mais tout croule en même temps.
L'âme chancelle.

> *Le juge fait un pas vers la
> porte.*

DIEGO

L'âme chancelle, mais la loi nous soutient, n'est-ce pas, juge? Tous frères! *(Il
dresse l'enfant devant lui.)* Et toi aussi, à
qui je vais donner le baiser des frères.

LA FEMME

Attends, Diego, je t'en supplie! Ne sois
pas comme celui-ci qui s'est durci jusqu'au
cœur. Mais il se détendra. *(Elle court vers
la porte et barre le chemin au juge.)* Tu
vas céder, n'est-ce pas?

La fille du juge

Pourquoi céderait-il et que lui fait ce bâtard qui prend ici toute la place!

La femme

Tais-toi, l'envie te ronge et te voilà toute noire. *(Au juge.)* Mais toi, toi qui approches de la mort, tu sais bien qu'il n'y à rien à envier sur cette terre, hors le sommeil et la paix. Tu sais bien que tu dormiras mal dans ton lit solitaire si tu laisses faire ceci.

Le juge

J'ai la loi de mon côté. C'est elle qui fera mon repos.

La femme

Je crache sur ta loi. J'ai pour moi le droit, le droit de ceux qui aiment à ne pas être séparés, le droit des coupables à être pardonnés et des repentis à être honorés! Oui, je crache sur ta loi. Avais-tu la loi de ton côté lorsque tu as fait de lâches excuses à ce capitaine qui te provoquait en duel, lorsque tu as triché pour échapper à la conscription? Avais-tu la loi pour toi lorsque tu as proposé ton lit à cette jeune fille qui plaidait contre un maître indigne?

LE JUGE

Tais-toi, femme.

VICTORIA

Mère!

LA FEMME

Non, Victoria, je ne me tairai pas. Je me suis tue pendant toutes ces années. Je l'ai fait pour mon honneur et pour l'amour de Dieu. Mais l'honneur n'est plus. Et un seul des cheveux de cet enfant m'est plus précieux que le ciel lui-même. Je ne me tairai pas. Et je dirai au moins à celui-ci qu'il n'a jamais eu le droit de son côté, car le droit, tu entends Casado, est du côté de ceux qui souffrent, gémissent, espèrent. Il n'est pas, non, il ne peut pas

145

être avec ceux qui calculent et qui entassent.

Diego a lâché l'enfant.

LA FILLE DU JUGE

Ce sont les droits de l'adultère.

LA FEMME *criant*.

Je ne nie pas ma faute, je la crierai au monde entier. Mais je sais, dans ma misère, que la chair a ses fautes, alors que le cœur a ses crimes. Ce qu'on fait dans la chaleur de l'amour doit recevoir la pitié.

LA FILLE

Pitié pour les chiennes!

LA FEMME

Oui! Car elles ont un ventre pour jouir et pour engendrer!

LE JUGE

Femme! Ta plaidoirie n'est pas bonne! Je dénoncerai cet homme qui a causé ce trouble! Je le ferai avec un double con-

tentement, puisque je le ferai au nom de
la loi et de la haine.

VICTORIA

Malheur sur toi qui viens de dire la
vérité. Tu n'as jamais jugé que selon la
haine que tu décorais du nom de loi. Et
même les meilleures lois ont pris mauvais
goût dans ta bouche, c'était la bouche ai-
gre de ceux qui n'ont jamais rien aimé.
Ah! le dégoût m'étouffe! Allons, Diego,
prends-nous tous dans tes bras et pour-
rissons ensemble. Mais laisse vivre celui-ci
pour qui la vie est une punition.

DIEGO

Laisse-moi. J'ai honte de voir ce que
nous sommes devenus.

VICTORIA

J'ai honte aussi. J'ai honte à mourir.

*Diego s'élance brusquement
par la fenêtre. Le juge court*

*aussi. Victoria s'échappe par
une porte dérobée.*

LA FEMME

Le temps est venu où il faut que les
bubons crèvent. Nous ne sommes pas les
seuls. Toute la ville a la même fièvre.

LE JUGE

Chienne!

LA FEMME

Juge!

> *Obscurité. Lumière sur la
> conciergerie. Nada et l'alcade
> se préparent à partir.*

NADA

Ordre est donné à tous les commandants
de district de faire voter leurs administrés
en faveur du nouveau gouvernement.

LE PREMIER ALCADE

Ce n'est pas facile. Quelques-uns risquent
de voter contre!

Nada

Non, si vous suivez les bons principes.

Le premier alcade

Les bons principes?

Nada

Les bons principes disent que le vote est libre. C'est-à-dire que les votes favorables au gouvernement seront considérés comme ayant été librement exprimés. Quant aux autres, et afin d'éliminer les entraves secrètes qui auraient pu être apportées à la liberté du choix, ils seront décomptés suivant la méthode préférentielle, en alignant le panachage divisionnaire au quotient des suffrages non exprimés par rapport au tiers des votes éliminés. Cela est-il clair?

Le premier alcade

Clair, monsieur... Enfin, je crois comprendre.

NADA

Je vous admire, alcade. Mais que vous ayez compris ou non, n'oubliez pas que le résultat infaillible de cette méthode devra toujours être de compter pour nuls les votes hostiles au gouvernement.

LE PREMIER ALCADE

Mais vous avez dit que le vote était libre?

NADA

Il l'est, en effet. Nous partons seulement du principe qu'un vote négatif n'est pas un vote libre. C'est un vote sentimental et qui se trouve par conséquent enchaîné par les passions.

LE PREMIER ALCADE

Je n'avais pas pensé à cela!

NADA

C'est que vous n'aviez pas une juste idée de ce qu'est la liberté.

Lumière au centre. Diego et Victoria arrivent, courant, sur le devant de la scène.

DIEGO

Je veux fuir, Victoria. Je ne sais plus où est le devoir. Je ne comprends pas.

VICTORIA

Ne me quitte pas. Le devoir est auprès de ceux qu'on aime. Tiens ferme.

DIEGO

Mais je suis trop fier pour t'aimer sans m'estimer.

VICTORIA

Qui t'empêche de t'estimer?

DIEGO

Toi, que je vois sans défaillance.

VICTORIA

Ah! ne parle pas ainsi, pour l'amour de nous, ou je vais tomber devant toi et te montrer toute ma lâcheté. Car tu ne dis pas vrai. Je ne suis pas si forte. Je défaille, je défaille, quand je pense à ce temps où je pouvais m'abandonner à toi. Où est le temps où l'eau montait dans mon cœur dès que l'on prononçait ton nom? Où est le temps où j'entendais une voix en moi crier « Terre » dès que tu apparaissais. Oui, je défaille, je meurs d'un lâche regret. Et si je tiens encore debout, c'est que l'élan de l'amour me jette en avant. Mais que tu disparaisses, que ma course s'arrête et je m'abattrai.

DIEGO

Ah! Si du moins je pouvais me lier à toi et, mes membres noués aux tiens, couler au fond d'un sommeil sans fin!

VICTORIA

Je t'attends.

> *Il avance lentement vers elle*
> *qui avance vers lui. Ils ne se*
> *quittent pas des yeux. Ils vont*

*se rejoindre, quand surgit entre
eux la secrétaire.*

LA SECRÉTAIRE

Que faites-vous?

VICTORIA, *criant.*

L'amour, bien sûr!

Bruit terrible dans le ciel.

LA SECRÉTAIRE

Chut! Il y a des mots qu'il ne faut pas
prononcer. Vous devriez savoir que ceci
était défendu. Regardez.

*Elle frappe Diego à l'aisselle
et le marque pour la deuxième
fois.*

LA SECRÉTAIRE

Vous étiez suspect. Vous voilà contaminé. *(Elle regarde Diego.)* Dommage. Un
si joli garçon. *(A Victoria.)* Excusez-moi.
Mais je préfère les hommes aux femmes,
j'ai partie liée avec eux. Bonsoir.

Diego regarde avec horreur le nouveau signe sur lui. Il jette des regards fous autour de lui, puis s'élance vers Victoria et la saisit à plein corps.

DIEGO

Ah! Je hais ta beauté, puisqu'elle doit me survivre! Maudite qui servira à d'autres!

Il l'écrase contre lui.

Là! Je ne serai pas seul! Que m'importe ton amour s'il ne pourrit pas avec moi?

VICTORIA *se débattant.*

Tu me fais mal! Laisse-moi!

DIEGO

Ah! Tu as peur! *(Il rit comme un fou. Il la secoue.)* Où sont les chevaux noirs de l'amour? Amoureuse quand l'heure est belle, mais vienne le malheur et les chevaux détalent! Meurs du moins avec moi!

VICTORIA

Avec toi, mais jamais contre toi! Je déteste ce visage de peur et de haine qui t'est venu! Lâche-moi! Laisse-moi libre de chercher en toi l'ancienne tendresse. Et mon cœur parlera de nouveau.

DIEGO *la lâchant à demi.*

Je ne veux pas mourir seul! Et ce que j'ai de plus cher au monde se détourne de moi et refuse de me suivre!

VICTORIA *se jetant vers lui.*

Ah! Diego, dans l'enfer s'il le faut! Je te retrouve... Mes jambes tremblent contre les tiennes. Embrasse-moi pour étouffer ce cri qui monte du profond de mon corps, qui va sortir, qui sort... Ah!

> *Il l'embrasse avec emporte-ment, puis il s'arrache d'elle et la laisse tremblante au milieu de la scène.*

DIEGO

Regarde-moi! Non, non, tu n'as rien! Aucun signe! Cette folie n'aura pas de suite!

VICTORIA

Reviens, c'est de froid que je tremble maintenant! Tout à l'heure, ta poitrine brûlait mes mains, mon sang courait en moi comme une flamme! Maintenant...

DIEGO

Non! Laisse-moi seul. Je ne peux pas me distraire de cette douleur.

VICTORIA

Reviens! Je ne demande rien d'autre que de me consumer de la même fièvre, de souffrir de la même plaie dans un seul cri!

DIEGO

Non! Désormais, je suis avec les autres, avec ceux qui sont marqués! Leur souffrance me fait horreur, elle me remplit d'un dégoût qui jusqu'ici me retranchait de tout. Mais finalement, je suis dans le même malheur, ils ont besoin de moi.

VICTORIA

Si tu devais mourir, j'envierais jusqu'à la terre qui épouserait ton corps!

DIEGO

Tu es de l'autre côté, avec ceux qui vivent!

VICTORIA

Je puis être avec toi, si seulement tu m'embrasses longtemps!

DIEGO

Ils ont interdit l'amour! Ah! Je te regrette de toutes mes forces!

VICTORIA

Non! Non! Je t'en supplie! J'ai compris ce qu'ils veulent. Ils arrangent toutes choses pour que l'amour soit impossible. Mais je serai la plus forte.

157

DIEGO

Je ne suis pas le plus fort. Et ce n'est pas une défaite que je voulais partager avec toi!

VICTORIA

Je suis entière! Je ne connais que mon amour! Rien ne me fait plus peur et quand le ciel croulerait, je m'abîmerais en criant mon bonheur si seulement je tenais ta main.

On entend crier.

DIEGO

Les autres crient aussi!

VICTORIA

Je suis sourde jusqu'à la mort!

DIEGO

Regarde!

La charrette passe.

VICTORIA

Mes yeux ne voient plus! L'amour les éblouit.

DIEGO

Mais la douleur est dans ce ciel qui pèse sur nous!

VICTORIA

J'ai trop à faire pour porter mon amour! Je ne vais pas encore me charger de la douleur du monde! C'est une tâche d'homme, cela, une de ces tâches, vaines, stériles, entêtées, que vous entreprenez pour vous détourner du seul combat qui serait vraiment difficile, de la seule victoire dont vous pourriez être fiers.

DIEGO

Qu'ai-je donc à vaincre en ce monde, sinon l'injustice qui nous est faite.

VICTORIA

Le malheur qui est en toi! Et le reste suivra.

DIEGO

Je suis seul. Le malheur est trop grand pour moi.

VICTORIA

Je suis près de toi, les armes à la main!

DIEGO

Que tu es belle et que je t'aimerais si seulement je ne craignais pas!

VICTORIA

Que tu craindrais peu si seulement tu voulais m'aimer!

DIEGO

Je t'aime. Mais je ne sais qui a raison.

VICTORIA

Celui qui ne craint pas. Et mon cœur n'est pas craintif! Il brûle d'une seule flamme, claire et haute, comme ces feux dont nos montagnards se saluent. Il t'appelle, lui aussi... Vois, c'est la Saint-Jean!

DIEGO

Au milieu des charniers!

VICTORIA

Charniers ou prairies, qu'est-ce que cela fait à mon amour? Lui, du moins, ne nuit à personne, il est généreux! Ta folie, ton dévouement stérile, à qui font-ils du bien? Pas à moi, pas à moi, en tout cas, que tu poignardes à chaque mot!

DIEGO

Ne pleure pas, farouche! O désespoir! Pourquoi ce mal est-il venu? J'aurais bu ces larmes, et la bouche brûlée par leur amertume, j'aurais mis sur ton visage autant de baisers qu'un olivier a de feuilles!

VICTORIA

Ah! Je te retrouve! C'est là notre langage que tu avais perdu! *(Elle tend les mains.)* Laisse-moi te reconnaître...

> *Diego recule, montrant ses marques. Elle avance la main, hésite.*

DIEGO

Toi aussi, tu as peur...

> *Elle plaque sa main sur les marques. Il recule, égaré. Elle tend les bras.*

161

6

Victoria

Viens vite! Ne crains plus rien!

> *Mais les gémissements et les*
> *imprécations redoublent. Lui*
> *regarde de tous côtés comme un*
> *insensé et s'enfuit.*

Victoria

Ah! Solitude!

Chœur des femmes

Nous sommes des gardiennes! Cette histoire nous dépasse et nous attendons qu'elle
soit finie. Nous garderons notre secret jusqu'à l'hiver, à l'heure des libertés, quand
les hurlements des hommes se seront tus
et qu'ils reviendront alors vers nous pour
réclamer ce dont ils ne peuvent se passer :
le souvenir des mers libres, le ciel désert
de l'été, l'odeur éternelle de l'amour. Nous
voici, en attendant, comme des feuilles
mortes dans l'averse de septembre. Elles
planent un moment, puis le poids d'eau

qu'elles transportent les plaquent sur la terre. Nous aussi sommes maintenant sur la terre. Courbant le dos, attendant que s'essoufflent les cris de tous les combats, nous écoutons au fond de nous gémir doucement le lent ressac des mers heureuses. Quand les amandiers nus se couvriront des fleurs du givre, alors nous nous soulèverons un peu, sensibles au premier vent d'espoir, bientôt redressées dans ce second printemps. Et ceux que nous aimons marcheront vers nous et, à mesure qu'ils avanceront, nous serons comme ces lourdes barques que le flot de la marée soulève peu à peu, gluantes de sel et d'eau, riches d'odeurs, jusqu'à ce qu'elles flottent enfin sur la mer épaisse. Ah! que le vent se lève, que le vent se lève...

Obscurité.
Lumière sur le quai. Diego entre et hèle quelqu'un qu'il aperçoit, très loin, dans la di-

*rection de la mer. Au fond,
le chœur des hommes.*

DIEGO

Ohé! Ohé!

UNE VOIX

Ohé! Ohé!

*Un batelier apparaît; sa tête
seule dépassant le quai.*

DIEGO

Que fais-tu?

LE BATELIER

Je ravitaille.

DIEGO

La ville?

LE BATELIER

Non, la ville est ravitaillée en principe
par l'administration. En tickets naturellement. Moi, je ravitaille en pain et en lait.
Il y a, au large, des navires à l'ancre et des

familles s'y sont confinées pour échapper à l'infection. Je porte leurs lettres et je leur rapporte des provisions.

DIEGO

Mais c'est interdit.

LE BATELIER

C'est interdit par l'administration. Mais je ne sais pas lire et j'étais en mer quand les crieurs ont annoncé la nouvelle loi.

DIEGO

Emmène-moi.

LE BATELIER

Où?

DIEGO

En mer. Sur les bateaux.

LE BATELIER

C'est que la chose est interdite.

DIEGO

Tu n'as lu ni entendu la loi.

LE BATELIER

Ah! Ce n'est pas interdit par l'administration, mais par les gens du bateau. Vous n'êtes pas sûr.

DIEGO

Comment pas sûr?

LE BATELIER

Après tout, vous pourriez les apporter avec vous.

DIEGO

Apporter quoi?

LE BATELIER

Chut! *(Il regarde autour de lui.)* Les germes, bien sûr! Vous pourriez leur apporter les germes.

DIEGO

Je paierai ce qu'il faut.

LE BATELIER

N'insistez pas. J'ai le caractère faible.

DIEGO

Tout l'argent qu'il faudra.

LE BATELIER

Vous le prenez sur votre conscience?

DIEGO

Bon.

LE BATELIER

Embarquez. La mer est belle.

Diego va sauter. Mais la secrétaire apparaît derrière lui.

LA SECRÉTAIRE

Non! Vous n'embarquerez pas.

DIEGO

Quoi?

LA SECRÉTAIRE

Ce n'est pas prévu. Et puis, je vous connais, vous ne déserterez pas.

DIEGO

Rien ne m'empêchera de partir.

167

LA SECRÉTAIRE

Il suffit que je le veuille. Et je le veux, puisque j'ai affaire avec vous. Vous savez qui je suis!

> *Elle recule un peu comme pour l'attirer en arrière. Il la suit.*

DIEGO

Mourir n'est rien. Mais mourir souillé...

LA SECRÉTAIRE

Je comprends. Voyez-vous, je suis une simple exécutante. Mais, du même coup, on m'a donné des droits sur vous. Le droit de veto, si vous préférez.

> *Elle feuillette son carnet.*

DIEGO

Les hommes de mon sang n'appartiennent qu'à la terre!

LA SECRÉTAIRE

C'est ce que je voulais dire. Vous êtes

à moi, d'une certaine manière! D'une certaine manière seulement. Peut-être pas de celle que je préférerais... quand je vous regarde. *(Simple.)* Vous me plaisez bien, vous savez. Mais j'ai des ordres.

> *Elle joue avec son carnet.*

DIEGO

Je préfère votre haine à vos sourires. Je vous méprise.

LA SECRÉTAIRE

Comme vous voudrez. D'ailleurs, ce n'est pas très réglementaire cette conversation que j'ai avec vous. La fatigue me rend sentimentale. Avec toute cette comptabilité, des soirs comme ce soir, je me laisse aller.

> *Elle fait tourner le carnet dans ses doigts.*
> *Diego tente de le lui arracher.*

LA SECRÉTAIRE

Non, vraiment, n'insistez pas, mon chéri.

Qu'y verriez-vous d'ailleurs? C'est un carnet, cela doit suffire, un classeur, moitié agenda, moitié fichier. Avec les éphémérides. *(Elle rit.)* C'est mon pense-bête, quoi!

> *Elle tend vers lui une main,*
> *comme pour une caresse.*
> *Diego se rejette vers le batelier.*

DIEGO

Ah! Il est parti!

LA SECRÉTAIRE

Tiens, c'est vrai! Encore un qui se croit libre et qui est inscrit, pourtant, comme tout le monde.

DIEGO

Votre langue est double. Vous savez bien que c'est cela qu'un homme ne peut supporter. Finissons-en, voulez-vous.

LA SECRÉTAIRE

Mais tout cela est très simple et je dis la vérité. Chaque ville a son classeur. Voici celui de Cadix. Je vous assure que l'organisation est très bonne et que personne n'est oublié.

DIEGO

Personne n'est oublié, mais tous vous échappent.

LA SECRÉTAIRE *indignée.*

Mais non, voyons! *(Elle réfléchit.)* Pourtant, il y a des exceptions. De loin en loin, on en oublie un. Mais ils finissent toujours par se trahir. Dès qu'ils ont dépassé cent ans d'âge, ils s'en vantent, les imbéciles. Alors, les journaux l'annoncent. Il suffit d'attendre. Le matin quand je dépouille la presse, je note leurs noms, je les collationne, comme nous disons. On ne les rate pas, bien entendu.

DIEGO

Mais pendant cent ans ils vous auront nié, comme cette ville entière vous nie!

LA SECRÉTAIRE

Cent ans ne sont rien! Ça vous fait de l'impression parce que vous voyez les choses de trop près. Moi, je vois les ensembles, vous comprenez. Dans un fichier de trois cent soixante-douze mille noms, qu'est-ce qu'un homme, je vous le demande un peu, même s'il est centenaire! Et puis nous nous rattrapons sur ceux qui n'ont pas dépassé vingt ans. Cela fait une moyenne. On raye un peu plus vite, voilà tout ! Ainsi...

> *Elle raye dans son carnet.*
> *Un cri sur la mer et le bruit*
> *d'une chute à l'eau.*

LA SECRÉTAIRE

Oh! Je l'ai fait sans y penser! Tiens, c'est le batelier! Un hasard!

> *Diego s'est levé et la regarde*
> *avec dégoût et effroi.*

DIEGO

Le cœur me vient à la bouche tant vous me répugnez!

LA SECRÉTAIRE

Je fais un métier ingrat, je le sais. On s'y fatigue et puis il faut s'appliquer. Au début, par exemple, je tâtonnais un peu. Maintenant, j'ai la main sûre.

> *Elle s'approche de Diego.*

DIEGO

Ne m'approchez pas.

LA SECRÉTAIRE

Il n'y aura bientôt plus d'erreurs. Un secret. Une machine perfectionnée. Vous verrez.

> *Elle s'est approchée de lui, phrase après phrase, jusqu'à le toucher. Il la prend soudain au collet, tremblant de fureur.*

DIEGO

Finissez, finissez donc votre sale comédie! Qu'est-ce que vous attendez? Faites votre travail et ne vous amusez pas de moi qui suis plus grand que vous. Tuez-moi donc, c'est la seule façon, je vous le jure, de sauver ce beau système qui ne laisse rien au hasard. Ah! Vous ne tenez compte que des ensembles! Cent mille hommes, voilà qui devient intéressant. C'est une statistique et les statistiques sont muettes! On en fait des courbes et des graphiques, hein! On travaille sur les générations, c'est plus facile! Et le travail peut se faire dans le silence et dans l'odeur tranquille de l'encre. Mais je vous en préviens, un homme seul, c'est plus gênant, ça crie sa joie ou son agonie. Et moi vivant, je continuerai à déranger votre bel ordre par le hasard des cris. Je vous refuse, je vous refuse de tout mon être!

LA SECRÉTAIRE

Mon chéri!

DIEGO

Taisez-vous! Je suis d'une race qui honorait la mort autant que la vie. Mais vos maîtres sont venus : vivre et mourir sont deux déshonneurs...

LA SECRÉTAIRE

Il est vrai...

DIEGO *(il la secoue).*

Il est vrai que vous mentez et que vous mentirez désormais, jusqu'à la fin des temps! Oui! J'ai bien compris votre système. Vous leur avez donné la douleur de la faim et des séparations pour les distraire de leur révolte. Vous les épuisez, vous dévorez leur temps et leurs forces pour qu'ils n'aient ni le loisir ni l'élan de la fureur! Ils piétinent, soyez contents! Ils sont seuls malgré leur masse, comme je suis seul aussi. Chacun de nous est seul à cause de la lâcheté des autres. Mais moi qui suis asservi comme eux, humilié avec eux, je vous annonce pourtant que vous n'êtes rien et que cette puissance déployée à perte de vue, jusqu'à en obs-

curcir le ciel, n'est qu'une ombre jetée sur
la terre, et qu'en une seconde un vent
furieux va dissiper. Vous avez cru que
tout pouvait se mettre en chiffres et en
formules! Mais dans votre belle nomen-
clature, vous avez oublié la rose sauvage,
les signes dans le ciel, les visages d'été,
la grande voix de la mer, les instants du
déchirement et la colère des hommes! *(Elle
rit.)* Ne riez pas. Ne riez pas, imbécile.
Vous êtes perdus, je vous le dis. Au sein
de vos plus apparentes victoires, vous voilà
déjà vaincus, parce qu'il y a dans l'homme
— regardez-moi — une force que vous ne
réduirez pas, une folie claire, mêlée de
peur et de courage, ignorante et victorieuse à tout jamais. C'est cette force qui
va se lever et vous saurez alors que votre
gloire était fumée.

Elle rit.

DIEGO

Ne riez pas! Ne riez donc pas!

Elle rit. Il la gifle et dans le même temps, les hommes du chœur arrachent leurs bâillons et poussent un long cri de joie. Mais dans l'élan, Diego a écrasé sa marque. Il y porte la main et la contemple ensuite.

LA SECRÉTAIRE

Magnifique!

DIEGO

Qu'est-ce que c'est?

LA SECRÉTAIRE

Vous êtes magnifique dans la colère! Vous me plaisez encore plus.

DIEGO

Que s'est-il passé?

LA SECRÉTAIRE

Vous le voyez. La marque disparaît. Continuez, vous êtes sur la bonne voie.

DIEGO

Je suis guéri?

LA SECRÉTAIRE

Je vais vous dire un petit secret... Leur système est excellent, vous avez bien raison, mais il y a une malfaçon dans leur machine.

DIEGO

Je ne comprends pas.

LA SECRÉTAIRE

Il y a une malfaçon, mon chéri. Du plus loin que je me souvienne, il a toujours suffi qu'un homme surmonte sa peur et se révolte pour que leur machine commence à grincer. Je ne dis pas qu'elle s'arrête, il s'en faut. Mais enfin, elle grince et, quelquefois, elle finit vraiment par se gripper.

Silence.

DIEGO

Pourquoi me dites-vous cela?

LA SECRÉTAIRE

Vous savez, on a beau faire ce que je fais, on a ses faiblesses. Et puis vous l'avez trouvé tout seul.

DIEGO

M'auriez-vous épargné, si je ne vous avais frappée?

LA SECRÉTAIRE

Non. J'étais venue pour vous achever, selon le règlement.

DIEGO

Je suis donc le plus fort.

LA SECRÉTAIRE

Avez-vous encore peur?

DIEGO

Non.

LA SECRÉTAIRE

Alors, je ne puis rien contre vous. Cela aussi est dans le règlement. Mais je peux bien vous le dire, c'est la première fois que ce règlement a mon approbation.

> *Elle se retire doucement.*
> *Diego se tâte, regarde encore*
> *sa main et se tourne brusque-*
> *ment dans la direction des gé-*
> *missements, qu'on entend. Il*

*va, au milieu du silence, vers
un malade bâillonné. Scène
muette. Diego avance la main
vers le bâillon et le dénoue.
C'est le pêcheur. Ils se regar-
dent en silence, puis :*

LE PÊCHEUR *avec effort.*

Bonsoir, frère. Voilà bien longtemps que
je n'avais parlé.

Diego lui sourit.

LE PÊCHEUR *levant les yeux au ciel*

Qu'est cela?

*Le ciel s'est éclairé, en effet.
Un léger vent s'est levé qui secoue une des portes et fait flot-
ter quelques étoffes. Le peuple
les entoure maintenant, le bâillon dénoué, les yeux levés au
ciel.*

DIEGO

Le vent de la mer...

RIDEAU

TROISIÈME PARTIE

*Les habitants de Cadix s'activent sur
la place. Planté un peu au-dessus d'eux,
Diego dirige les travaux. Lumière écla-
tante qui fait paraître les décors de la
Peste moins impressionnants parce que
plus construits.*

DIEGO

Effacez les étoiles!

On efface

DIEGO

Ouvrez les fenêtres!

Les fenêtres s'ouvrent.

DIEGO

De l'air! De l'air! Groupez les malades!

Mouvements.

Diego

N'ayez plus peur, c'est la condition. Debout tous ceux qui le peuvent! Pourquoi reculez-vous? Relevez le front, voici l'heure de la fierté! Jetez votre bâillon et criez avec moi que vous n'avez plus peur.

Il lève les bras.

O sainte révolte, refus vivant, honneur du peuple, donne à ces bâillonnés la force de ton cri!

Le chœur

Frère, nous t'écoutons et nous les misérables qui vivons d'olives et de pain, pour qui une mule est une fortune, nous qui touchons au vin deux fois l'an, au jour de la naissance et au jour du mariage, nous commençons à espérer! Mais la vieille crainte n'a pas encore quitté nos cœurs. L'olive et le pain donnent du goût à la vie! Si peu que nous ayons, nous avons peur de tout perdre avec la vie!

Diego

Vous perdrez l'olive, le pain et la vie
si vous laissez les choses aller comme
elles sont! Aujourd'hui il vous faut vaincre la peur si vous voulez seulement garder le pain. Réveille-toi, Espagne!

Le chœur

Nous sommes pauvres et ignorants. Mais
on nous a dit que la peste suit les chemins
de l'année. Elle a son printemps où elle
germe et jaillit, son été où elle fructifie.
Vienne l'hiver et la voilà peut-être qui
meurt. Mais est-ce l'hiver, frère, est-ce
bien l'hiver? Ce vent qui s'est levé vient-il
vraiment de la mer? Nous avons toujours
tout payé en monnaie de misère. Faut-il
vraiment payer avec la monnaie de notre
sang?

Chœur des femmes

Encore une affaire d'hommes! Nous,
nous sommes là pour vous rappeler l'instant qui s'abandonne, l'œillet des jours,

la laine noire des brebis, l'odeur d'Espagne enfin! Nous sommes faibles, nous ne pouvons rien contre vous avec vos gros os. Mais quoi que vous fassiez, n'oubliez pas nos fleurs de chair dans votre mêlée d'ombres!

DIEGO

C'est la peste qui nous décharne, c'est elle qui sépare les amants et qui flétrit la fleur des jours! C'est contre elle qu'il faut d'abord lutter!

LE CHŒUR

Est-ce vraiment l'hiver? Dans nos forêts, les chênes sont toujours couverts de petits glands bien cirés et leur tronc ruisselle de guêpes! Non! Ce n'est pas encore l'hiver!

DIEGO

Traversez l'hiver de la colère!

LE CHŒUR

Mais trouverons-nous l'espoir au bout

de notre chemin? Ou faudra-t-il mourir désespérés?

DIEGO

Qui parle de désespérer? Le désespoir est un bâillon. Et c'est le tonnerre de l'espoir, la fulguration du bonheur qui déchirent le silence de cette ville assiégée. Debout, vous dis-je! Si vous voulez garder le pain et l'espoir, détruisez vos certificats, crevez les vitres des bureaux, quittez les files de la peur, criez la liberté aux quatre coins du ciel!

LE CHŒUR

Nous sommes les plus misérables! L'espoir est notre seule richesse, comment nous en priverions-nous? Frère, nous jetons tous ces bâillons! *(Grand cri de délivrance.)* Ah! sur la terre sèche, dans les crevasses de la chaleur, voici la première pluie! Voici l'automne où tout reverdit, le vent frais de la mer. L'espoir nous soulève comme une vague.

Diego sort.
Entre la Peste au même ni-
veau que Diego mais de l'autre
côté. La secrétaire et Nada le
suivent.

LA SECRÉTAIRE

Qu'est-ce que c'est que cette histoire?
On bavarde maintenant? Voulez-vous bien
remettre vos bâillons!

Quelques-uns, au milieu, re-
mettent leur bâillon. Mais des
hommes ont rejoint Diego. Ils
s'activent, dans l'ordre.

LA PESTE

Ils commencent à bouger.

LA SECRÉTAIRE

Oui, comme d'habitude!

LA PESTE

Eh bien! Il faut aggraver les mesures!

La secrétaire

Aggravons donc!

> *Elle ouvre son carnet qu'elle feuillette avec un peu de lassitude.*

Nada

Et allez donc! Nous sommes sur la bonne voie! Être réglementaire ou ne pas être réglementaire, voilà toute la morale et toute la philosophie! Mais à mon avis, Votre Honneur, nous n'allons pas assez loin.

La Peste

Tu parles trop.

Nada

C'est que j'ai de l'enthousiasme. Et j'ai appris beaucoup de choses auprès de vous. La suppression, voilà mon évangile. Mais jusqu'ici je n'avais pas de bonnes raisons. Maintenant, j'ai la raison réglementaire!

LA PESTE

Le règlement ne supprime pas tout. Tu n'es pas dans la ligne, attention!

NADA

Remarquez qu'il y avait des règlements avant vous. Mais il restait à inventer le règlement général, le solde de tout compte, l'espèce humaine mise à l'index, la vie entière remplacée par une table des matières, l'univers mis en disponibilité, le ciel et la terre enfin dévalués...

LA PESTE

Retourne à ton travail, ivrogne. Et vous, allez-y!

LA SECRÉTAIRE

Par quoi commençons-nous?

LA PESTE

Par le hasard. C'est plus frappant.

> *La secrétaire raye deux noms. Coups mats d'avertisse-*

ment. Deux hommes tombent. Reflux. Ceux qui travaillent s'arrêtent médusés. Les gardes de la Peste se précipitent, remettent des croix sur les portes, ferment les fenêtres, mêlent les cadavres, etc.

DIEGO *au fond, d'une voix tranquille.*

Vive la mort, elle ne nous fait pas peur!

Flux. Les hommes se remettent au travail. Les gardes reculent. Même pantomime, mais inverse. Le vent souffle lorsque le peuple avance, reflue lorsque les gardes reviennent.

LA PESTE

Rayez celui-ci!

LA SECRÉTAIRE

Impossible!

LA PESTE

Pourquoi?

La secrétaire

Il n'a plus peur!

La Peste

Allons, bon! Sait-il?

La secrétaire

Il a des soupçons.

> *Elle raye. Coups sourds. Reflux. Même scène.*

Nada

Magnifique! Ils meurent comme des mouches! Ah! Si la terre pouvait sauter!

Diego *avec calme.*

Secourez tous ceux qui tombent.

> *Reflux. Même pantomime inversée.*

La Peste

Celui-là va trop loin!

La secrétaire

Il va loin, en effet.

LA PESTE

Pourquoi dites-vous cela avec mélancolie? Vous ne l'avez pas renseigné au moins?

LA SECRÉTAIRE

Non. Il a dû trouver ça tout seul. Il a le don, en somme!

LA PESTE

Il a le don, mais j'ai des moyens. Il faut essayer autre chose. A votre tour.

Il sort.

LE CHŒUR, *quittant le bâillon.*

Ah! *(Soupir de soulagement.)* C'est le premier recul, le garrot se desserre, le ciel se détend et s'aère. Voici revenu le bruit des sources que le soleil noir de la peste avait évaporées. L'été s'en va. Nous n'aurons plus les raisins de la treille, ni les melons, les fèves vertes et la salade crue. Mais l'eau de l'espoir attendrit le sol dur et nous

193

promet le refuge de l'hiver, les châtaignes brûlées, le premier maïs aux grains encore verts, la noix au goût de savon, le lait devant le feu...

LES FEMMES

Nous sommes ignorantes. Mais nous disons que ces richesses ne doivent pas être payées trop cher. Dans tous les lieux du monde et sous n'importe quel maître, il y aura toujours un fruit frais à portée de la main, le vin du pauvre, le feu de sarments près duquel on attend que tout passe...

> De la maison du juge sort
> par la fenêtre la fille du juge
> qui court se cacher parmi les
> femmes.

LA SECRÉTAIRE, *descendant vers le peuple.*

On se croirait en révolution, ma parole! Ce n'est pas le cas pourtant, vous le savez bien. Et puis, ce n'est plus au peuple à faire la révolution, voyons, ce serait tout à fait démodé. Les révolutions n'ont plus besoin d'insurgés. La police aujourd'hui suffit à tout, même à renverser le gouvernement. Cela ne vaut-il pas mieux, après tout? Le peuple peut ainsi se reposer pendant que quelques bons esprits pensent pour lui et décident à sa place de la quantité de bonheur qui lui sera favorable.

LE PÊCHEUR

Je m'en vais éventrer sur l'heure cette murène vicieuse.

LA SECRÉTAIRE

Voyons, mes bons amis, ne vaudrait-il pas mieux en rester là! Quand un ordre est établi, ça coûte toujours plus cher de le changer. Et si même cet ordre vous paraît insupportable, peut-être pourrait-on obtenir quelques accommodements.

UNE FEMME

Quels accommodements?

LA SECRÉTAIRE

Je ne sais pas, moi! Mais, vous autres femmes, n'ignorez pas que tout bouleversement se paye et qu'une bonne conciliation vaut parfois mieux qu'une victoire ruineuse?

> *Les femmes approchent. Quelques hommes se détachent du groupe de Diego.*

DIEGO

N'écoutez pas ce qu'elle dit. Tout cela est convenu.

LA SECRÉTAIRE

Qu'est-ce qui est convenu? Je parle raison et ne sais rien de plus.

UN HOMME

De quels arrangements parliez-vous?

LA SECRÉTAIRE

Naturellement, il faudrait réfléchir. Mais, par exemple, nous pourrions constituer avec vous un comité qui déciderait, à la

majorité des voix, des radiations à prononcer. Ce comité détiendrait en pleine
propriété ce cahier où se font les radiations. Notez bien que je dis cela à titre
d'exemple...

> *Elle secoue le cahier à bout de
> bras. Un homme le lui arrache.*

LA SECRÉTAIRE, *faussement indignée*

Voulez-vous me rendre ce cahier! Vous
savez bien qu'il est précieux et qu'il suffit d'y rayer le nom d'un de vos concitoyens pour que celui-ci meure aussitôt.

> *Hommes et femmes entourent
> le possesseur du cahier. Ani-
> mation.*

— Nous le tenons!
— Plus de morts!
— Nous sommes sauvés!

> *Mais la fille du juge sur-
> vient qui arrache brutalement
> le cahier, se sauve dans un*

coin et, feuilletant rapidement le carnet, y raye quelque chose. Dans la maison du juge un grand cri et la chute d'un corps. Des hommes et des femmes se précipitent vers la fille.

UNE VOIX

Ah! Maudite! C'est toi qu'il faut supprimer!

Une main lui arrache le cahier et, tous feuilletant, on trouve son nom qu'une main raye. La fille tombe sans un cri.

NADA *hurlant.*

En avant, tous unis pour la suppression! Il ne s'agit plus de supprimer, il s'agit de se supprimer! Nous voilà tous ensemble, opprimés et oppresseurs, la main dans la main! Allez! taureau! C'est le nettoyage général!

Il s'en va.

Un homme *énorme et qui tient le cahier.*

C'est vrai qu'il y a quelques nettoyages à faire! Et l'occasion est trop belle de ratatiner quelques fils de garce qui se sont sucrés pendant que nous crevions de faim!

> *La Peste qui vient de réapparaître éclate d'un rire prodigieux, pendant que la secrétaire regagne modestement sa place, à ses côtés. Tout le monde, immobile, les yeux levés, attend sur le plateau pendant que les gardes de la Peste se répandent partout pour rétablir le décor et les signes de la Peste.*

La Peste *à Diego.*

Et voilà! Ils font eux-mêmes le travail! Crois-tu qu'ils vaillent la peine que tu prends?

> *Mais Diego et le pêcheur ont sauté sur le plateau, se sont pré-*

cipités sur l'homme au cahier qu'ils giflent et précipitent à terre. Diego prend le cahier qu'il déchire.

LA SECRÉTAIRE

Inutile. J'en ai un double.

Diego repousse les hommes de l'autre côté.

DIEGO

Vite, au travail! Vous avez été joués!

LA PESTE

Quand ils ont peur, c'est pour eux-mêmes. Mais leur haine est pour les autres.

DIEGO *revenu en face de lui.*

Ni peur, ni haine, c'est là notre victoire!

Reflux progressif des gardes devant les hommes de Diego.

LA PESTE

Silence! Je suis celui qui aigrit le vin et qui dessèche les fruits. Je tue le sar-

ment s'il veut donner des raisins, je le
verdis s'il doit nourrir du feu. J'ai horreur
de vos joies simples. J'ai horreur de ce
pays où l'on prétend être libre sans être
riche. J'ai les prisons, les bourreaux, la
force, le sang! La ville sera rasée et, sur
ses décombres, l'histoire agonisera enfin
dans le beau silence des sociétés parfaites.
Silence donc ou j'écrase tout.

> *Lutte mimée au milieu d'un
> effroyable fracas, grincements
> du garrot, bourdonnement,
> coups de la radiation, marée
> des slogans. Mais à mesure que
> la lutte se dessine à l'avan-
> tage des hommes de Diego, le
> tumulte s'apaise et le chœur,
> quoique indistinct, submerge
> les bruits de la Peste.*

LA PESTE *avec un geste de rage.*
Il reste les otages!

> *Il fait un signe. Les gardes*

*de la Peste quittent la scène
pendant que les autres se re-
groupent.*

NADA, *sur le haut du palais.*

Il reste toujours quelque chose. Tout
continue à ne pas continuer. Et mes bureaux continuent aussi. La ville croulerait,
le ciel éclaterait, les hommes déserteraient
la terre que les bureaux s'ouvriraient encore à heure fixe pour administrer le néant!
L'éternité, c'est moi, mon paradis a ses
archives et ses tampons-buvards.

Il sort.

LE CHŒUR

Ils fuient. L'été s'achève en victoire. Il
arrive donc que l'homme triomphe! Et la
victoire alors a le corps de nos femmes
sous la pluie de l'amour. Voici la chair
heureuse, luisante et chaude, grappe de
septembre où le frelon grésille. Sur l'aire
du ventre s'abattent les moissons de la
vigne. Les vendanges flambent au sommet

des seins ivres. O mon amour, le désir crève comme un fruit mûr, la gloire des corps ruisselle enfin. Dans tous les coins du ciel des mains mystérieuses tendent leurs fleurs et un vin jaune coule d'inépuisables fontaines. Ce sont les fêtes de la victoire, allons chercher nos femmes!

On amène dans le silence une civière où est étendue Victoria.

DIEGO *se précipitant.*

Oh! Ceci donne envie de tuer ou de mourir! *(Il arrive près du corps qui semble inanimé.)* Ah! Magnifique, victorieuse, sauvage comme l'amour, tourne un peu vers moi ton visage! Reviens, Victoria! Ne te laisse pas aller de cet autre côté du monde où je ne puis te rejoindre! Ne me quitte pas, la terre est froide. Mon amour, mon amour! Tiens ferme, tiens-toi ferme à ce rebord de terre où nous sommes encore! Ne te laisse pas couler! Si tu meurs, pendant tous les jours qui me restent à vivre, il fera noir en plein midi!

Le chœur des femmes

Maintenant, nous sommes dans la vérité. Jusqu'à présent ce n'était pas sérieux. Mais à cette heure il s'agit d'un corps qui souffre et se tord. Tant de cris, le plus beau des langages, vive la mort et puis la mort elle-même déchire la gorge de celle qu'on aime! Alors revient l'amour quand justement il n'est plus temps.

Victoria gémit.

Diego

Il est temps, elle va se redresser. Tu vas me faire face à nouveau, droite comme une torche, avec les flammes noires de tes cheveux et ce visage étincelant d'amour dont j'emportais l'éblouissement dans la nuit du combat. Car, je t'y emportais, mon cœur suffisait à tout.

VICTORIA

Tu m'oublieras, Diego, cela est sûr. Ton cœur ne suffira pas à l'absence. Il n'a pas suffi au malheur. Ah! C'est un affreux tourment de mourir en sachant qu'on sera oubliée.

Elle se détourne.

DIEGO

Je ne t'oublierai pas. Ma mémoire sera plus longue que ma vie.

LE CHŒUR DES FEMMES

O corps souffrant, jadis si désirable, beauté royale, reflet du jour! L'homme crie vers l'impossible, la femme souffre tout ce qui est possible. Penche-toi, Diego! Crie ta peine, accuse-toi, c'est l'instant du repentir! Déserteur! Ce corps était ta patrie sans laquelle tu n'es plus rien! Ta mémoire ne rachètera rien!

La Peste est arrivée doucement près de Diego. Seul le corps de Victoria les sépare.

LA PESTE

Alors, on renonce?

> *Diego regarde le corps de
> Victoria avec désespoir.*

Tu n'as pas de force! Tes yeux sont égarés. Moi, j'ai l'œil fixe de la puissance.

DIEGO, *après un silence.*

Laisse-la vivre et tue-moi.

LA PESTE

Quoi?

DIEGO

Je te propose l'échange.

LA PESTE

Quel échange?

DIEGO

Je veux mourir à sa place.

LA PESTE

C'est une de ces idées qu'on a lorsqu'on est fatigué. Allons, ce n'est pas agréable

de mourir et le plus gros est fait pour elle.
Restons-en là!

LA PESTE

C'est une idée qu'on a lorsqu'on est le
plus fort!

LA PESTE

Regarde-moi, je suis la force elle-même!

DIEGO

Quitte ton uniforme.

LA PESTE

Tu es fou!

DIEGO

Déshabille-toi! Quand les hommes de
la force quittent leur uniforme, ils ne sont
pas beaux à voir!

LA PESTE

Peut-être. Mais leur force est d'avoir in-
venté l'uniforme!

DIEGO

La mienne est de le refuser. Je main-
tiens mon marché.

La Peste

Réfléchis au moins. La vie a du bon.

Diego

Ma vie n'est rien. Ce qui compte, ce sont les raisons de ma vie. Je ne suis pas un chien.

La Peste

La première cigarette, ce n'est donc rien? L'odeur de poussière à midi sur les remblais, les pluies du soir, la femme encore inconnue, le deuxième verre de vin, ce n'est donc rien?

Diego

C'est quelque chose, mais celle-ci vivra mieux que moi!

La Peste

Non, si tu renonces à t'occuper des autres.

Diego

Sur le chemin où je suis, on ne peut

s'arrêter, même si on le désire. Je ne t'épargnerai pas!

LA PESTE, *changeant de ton.*

Écoute. Si tu m'offres ta vie en échange de celle-ci, je suis obligé de l'accepter et cette femme vivra. Mais je te propose un autre marché. Je te donne la vie de cette femme et je vous laisse fuir tous les deux, pourvu que vous me laissiez m'arranger avec cette ville.

DIEGO

Non. Je connais mes pouvoirs.

LA PESTE

Dans ce cas, je serai franc avec toi. Il me faut être le maître de tout ou je ne le suis de rien. Si tu m'échappes, la ville m'échappe. C'est la règle. Une vieille règle dont je ne sais d'où elle vient.

DIEGO

Je le sais, moi! Elle vient du creux des âges, elle est plus grande que toi, plus haute que tes gibets, c'est la règle de nature. Nous avons vaincu.

LA PESTE

Pas encore! J'ai là ce corps, mon otage. Et l'otage est mon dernier atout. Regarde-le. Si une femme a le visage de la vie, c'est celle-ci. Elle mérite de vivre et tu veux la faire vivre. Moi, je suis contraint de te la rendre. Mais ce peut être ou contre ta propre vie ou contre la liberté de cette ville. Choisis.

> *Diego regarde Victoria. Au fond, murmures des voix bâillonnées. Diego se tourne vers le chœur.*

DIEGO

C'est dur de mourir.

LA PESTE

C'est dur.

DIEGO

Mais c'est dur pour tout le monde.

La Peste

Imbécile! Dix ans de l'amour de cette femme valent autrement qu'un siècle de la liberté de ces hommes.

Diego

L'amour de cette femme, c'est mon royaume à moi. Je puis en faire ce que je veux. Mais la liberté de ces hommes leur appartient. Je ne puis en disposer.

La Peste

On ne peut pas être heureux sans faire du mal aux autres. C'est la justice de cette terre.

Diego

Je ne suis pas né pour consentir à cette justice-là.

La Peste

Qui te demande de consentir! L'ordre du monde ne changera pas au gré de tes désirs! Si tu veux le changer, laisse tes rêves et tiens compte de ce qui est.

DIEGO

Non. Je connais la recette. Il faut tuer pour supprimer le meurtre, violenter pour guérir l'injustice. Il y a des siècles que cela dure! Il y a des siècles que les seigneurs de ta race pourrissent la plaie du monde sous prétexte de la guérir, et continuent cependant de vanter leur recette, puisque personne ne leur rit au nez!

LA PESTE

Personne ne rit puisque je réalise. Je suis efficace.

DIEGO

Efficace, bien sûr! Et pratique. Comme la hache!

LA PESTE

Il suffit au moins de regarder les hommes. On sait alors que toute justice est assez bonne pour eux.

DIEGO

Depuis que les portes de cette ville se

sont fermées, j'ai eu tout le temps de les
regarder.

La Peste

Alors tu sais maintenant qu'ils te lais-
seront toujours seul. Et l'homme seul doit
périr.

Diego

Non, cela est faux! Si j'étais seul, tout
serait facile. Mais de gré ou de force, ils
sont avec moi.

La Peste

Beau troupeau, en vérité, mais qui sent
fort!

Diego

Je sais qu'ils ne sont pas purs. Moi non
plus. Et puis je suis né parmi eux. Je
vis pour ma cité et pour mon temps.

La Peste

Le temps des esclaves!

Diego

Le temps des hommes libres!

La Peste

Tu m'étonnes. J'ai beau chercher. Où sont-ils?

Diego

Dans tes bagnes et dans tes charniers. Les esclaves sont sur les trônes.

La Peste

Mets à tes hommes libres l'habit de ma police et tu verras ce qu'ils deviennent.

Diego

Il est vrai qu'il leur arrive d'être lâches et cruels. C'est pourquoi ils n'ont pas plus que toi le droit à la puissance. Aucun homme n'a assez de vertu pour qu'on puisse lui consentir le pouvoir absolu. Mais c'est pourquoi aussi ces hommes ont droit à la compassion qui te sera refusée.

La Peste

La lâcheté, c'est de vivre comme ils le font, petits, besogneux, toujours à mi-hauteur.

Diego

C'est à mi-hauteur que je tiens à eux.
Et si je ne suis pas fidèle à la pauvre vérité que je partage avec eux, comment le
serais-je à ce que j'ai de plus grand et de
plus solitaire?

La Peste

La seule fidélité que je connaisse, c'est
le mépris. *(Il montre le chœur affaissé dans
la cour.)* Regarde, il y a de quoi!

Diego

Je ne méprise que les bourreaux.
Quoi que tu fasses, ces hommes seront plus
grands que toi. S'il leur arrive une fois
de tuer, c'est dans la folie d'une heure.
Toi, tu massacres selon la loi et la logique. Ne raille pas leur tête baissée, car
voici des siècles que les comètes de la peur
passent au-dessus d'eux. Ne ris pas de
leur air de crainte, voici des siècles qu'ils
meurent et que leur amour est déchiré.

Le plus grand de leurs crimes aura toujours une excuse. Mais je ne trouve pas
d'excuses au crime que de tous temps l'on
a commis contre eux et que pour finir tu
as eu l'idée de codifier dans le sale ordre
qui est le tien. *(La Peste avance vers lui.)*
Je ne baisserai pas les yeux!

La Peste

Tu ne les baisseras pas, c'est visible!
Alors, j'aime mieux te dire que tu viens de
triompher de la dernière épreuve. Si tu
m'avais laissé cette ville, tu aurais perdu
cette femme et tu te serais perdu avec elle.
En attendant, cette ville a toutes les chan-
ces d'être libre. Tu vois, il suffit d'un insensé comme toi... L'insensé meurt évidem-
ment. Mais à la fin, tôt ou tard, le reste
est sauvé! *(Sombre.)* Et le reste ne mérite pas d'être sauvé.

Diego

L'insensé meurt...

La Peste

Ah! Ça ne va plus? Mais non, c'est classique : la seconde d'hésitation! L'orgueil sera le plus fort.

Diego

J'avais soif d'honneur. Et je ne retrouverai l'honneur aujourd'hui que parmi les morts?

La Peste

Je le disais, l'orgueil les tue. Mais c'est bien fatigant pour le vieil homme que je deviens. *(D'une voix dure.)* Prépare-toi.

Diego

Je suis prêt.

La Peste

Voici les marques. Elles font mal. *(Diego regarde avec horreur les marques qui sont à nouveau sur lui.)* Là! Souffre un peu avant de mourir. Ceci du moins est ma règle. Quand la haine me brûle, la souffrance d'autrui est alors une rosée. Gémis

un peu, cela est bien. Et laisse-moi te
regarder souffrir avant de quitter cette
ville. *(Il regarde la secrétaire.)* Allons,
vous, au travail maintenant!

LA SECRÉTAIRE

Oui, s'il le faut.

LA PESTE

Déjà fatiguée, hein!

> *La secrétaire fait oui de la
> tête et dans le même moment
> elle change brusquement d'ap-
> parence. C'est une vieille femme
> au masque de mort.*

LA PESTE

J'ai toujours pensé que vous n'aviez pas
assez de haine. Mais ma haine à moi a
besoin de victimes fraîches. Dépêchez-moi
cela. Et nous recommencerons ailleurs.

LA SECRÉTAIRE

La haine ne me soutient pas, en effet,
puisqu'elle n'est pas dans mes fonctions.

Mais c'est un peu de votre faute. A force de travailler sur des fiches, on oublie de se passionner.

LA PESTE

Ce sont des mots. Et si vous cherchez un soutien... *(Il montre Diego qui tombe à genoux)* prenez-le dans la joie de détruire. Là est votre fonction.

LA SECRÉTAIRE

Détruisons donc. Mais je ne suis pas à l'aise.

LA PESTE

Au nom de quoi discutez-vous mes ordres?

LA SECRÉTAIRE

Au nom de la mémoire. J'ai quelques vieux souvenirs. J'étais libre avant vous et associée avec le hasard. Personne ne me détestait alors. J'étais celle qui termine tout, qui fixe les amours, qui donne leur forme à tous les destins. J'étais la stable. Mais vous m'avez mise au service de la logique et du règlement. Je me suis gâté la main que j'avais quelquefois secourable.

LA PESTE

Qui vous demande des secours?

LA SECRÉTAIRE

Ceux qui sont moins grands que le malheur. C'est-à-dire presque tous. Avec eux, il m'arrivait de travailler dans le consentement, j'existais à ma manière. Aujourd'hui je leur fais violence et tous me nient jusqu'à leur dernier souffle. C'est peut-être pourquoi j'aimais celui-ci que vous m'ordonnez de tuer. Il m'a choisie librement. A sa manière, il a eu pitié de moi. J'aime ceux qui me donnent rendez-vous.

LA PESTE

Craignez de m'irriter! Nous n'avons pas besoin de pitié.

La secrétaire

Qui aurait besoin de pitié sinon ceux qui n'ont compassion de personne! Quand je dis que j'aime celui-ci, je veux dire que je l'envie. Chez nous autres conquérants, c'est la misérable forme que prend l'amour. Vous le savez bien et vous savez que cela mérite qu'on nous plaigne un peu.

La Peste

Je vous ordonne de vous taire!

La secrétaire

Vous le savez bien et vous savez aussi qu'à force de tuer, on se prend à envier l'innocence de ceux qu'on tue. Ah! pour une seconde au moins, laissez-moi suspendre cette interminable logique et rêver que je m'appuie enfin sur un corps. J'ai le dégoût des ombres. Et j'envie tous ces misérables, oui, jusqu'à cette femme *(elle montre Victoria)* qui ne retrouvera la vie que pour y pousser des cris de bête!

Elle, du moins, s'appuiera sur sa souffrance.

> *Diego est presque tombé. La*
> *Peste le relève.*

LA PESTE

Debout, homme! La fin ne peut venir
sans que celle-ci fasse ce qu'il faut. Et tu
vois que pour l'instant, elle fait du sen-
timent. Mais ne crains rien! Elle fera ce
qu'il faut, c'est dans la règle et la fonction. La machine grince un peu, voilà tout.
Avant qu'elle soit tout à fait grippée, sois
heureux, imbécile, je te rends cette ville!

> *Cris de joie du chœur. La*
> *Peste se retourne vers eux.*

Oui, je m'en vais, mais ne triomphez
pas, je suis content de moi. Ici encore,
nous avons bien travaillé. J'aime le bruit
qu'on fait autour de mon nom et je sais
maintenant que vous ne m'oublierez pas.
Regardez-moi! Regardez une dernière fois
la seule puissance de ce monde!

Reconnaissez votre vrai souverain et ap-prenez la peur. *(Il rit.)* Auparavant, vous prétendiez craindre Dieu et ses hasards. Mais votre Dieu était un anarchiste qui mêlait les genres. Il croyait pouvoir être puissant et bon à la fois. Ça manquait de suite et de franchise, il faut bien le dire. Moi, j'ai choisi la puissance seule. J'ai choisi la domination, vous savez main-tenant que c'est plus sérieux que l'enfer.

Depuis des millénaires, j'ai couvert de charniers vos villes et vos champs. Mes morts ont fécondé les sables de la Libye et de la noire Ethiopie. La terre de Perse est encore grasse de la sueur de mes cadavres. J'ai rempli Athènes des feux de purifica-tion, allumé sur ses plages des milliers de bûchers funèbres, couvert la mer grecque de cendres humaines jusqu'à la rendre grise. Les dieux, les pauvres dieux eux-mêmes, en étaient dégoûtés jusqu'au cœur. Et quand les cathédrales ont succédé aux temples, mes cavaliers noirs les ont rem-

plies de corps hurlants. Sur les cinq con-
tinents, à longueur de siècles, j'ai tué sans
répit et sans énervement.

Ce n'était pas si mal, bien sûr, et il y
avait de l'idée. Mais il n'y avait pas tout*
l'idée... Un mort, si vous voulez mon opinion, c'est rafraîchissant, mais ça n'a pas
de rendement. Pour finir, ça ne vaut pas
un esclave. L'idéal, c'est d'obtenir une majorité d'esclaves à l'aide d'une minorité de
morts bien choisis. Aujourd'hui, la technique est au point. Voilà pourquoi, après
avoir tué ou avili la quantité d'hommes
qu'il fallait, nous mettrons des peuples
entiers à genoux. Aucune beauté, aucune
grandeur ne nous résistera. Nous triompherons de tout.

LA SECRÉTAIRE

Nous triompherons de tout, sauf de
la fierté.

LA PESTE

La fierté se lassera peut-être...

224

L'homme est plus intelligent qu'on ne croit. *(Au loin remue-ménage et trompettes.)* Écoutez! Voici ma chance qui revient. Voici vos anciens maîtres que vous retrouverez aveugles aux plaies des autres, ivres d'immobilité et d'oubli. Et vous vous fatiguerez de voir la bêtise triompher sans combat. La cruauté révolte, mais la sottise décourage. Honneur aux stupides puisqu'ils préparent mes voies! Ils font ma force et mon espoir! Un jour viendra peut-être où tout sacrifice vous paraîtra vain, où le cri interminable de vos sales révoltes se sera tu enfin. Ce jour-là, je règnerai vraiment dans le silence définitif de la servitude. *(Il rit.)* C'est une question d'obstination, n'est-ce pas? Mais soyez tranquilles, j'ai le front bas des entêtés.   *Il marche vers le fond.*

LA SECRÉTAIRE

Je suis plus vieille que vous et je sais que leur amour aussi a son obstination.

LA PESTE

L'amour? Qu'est-ce que c'est?

Il sort.

LA SECRÉTAIRE

Lève-toi femme! Je suis lasse. Il faut en finir.

> *Victoria se lève. Mais Diego tombe en même temps. La secrétaire recule un peu dans l'ombre. Victoria se précipite vers Diego.*

VICTORIA

Ah! Diego, qu'as-tu fait de notre bonheur?

DIEGO

Adieu, Victoria. Je suis content.

VICTORIA

Ne dis pas cela, mon amour. C'est un mot d'homme, un horrible mot d'homme. *(Elle pleure.)* Personne n'a le droit d'être content de mourir.

DIEGO

Je suis content, Victoria. J'ai fait ce qu'il fallait.

VICTORIA

Non. Il fallait me choisir contre le ciel lui-même. Il fallait me préférer à la terre entière.

DIEGO

Je me suis mis en règle avec la mort, c'est là ma force. Mais c'est une force qui dévore tout, le bonheur n'y a pas sa place.

VICTORIA

Que me faisait ta force? C'est un homme que j'aimais.

DIEGO

Je me suis desséché dans ce combat. Je ne suis plus un homme et il est juste que je meure.

VICTORIA, *se jetant sur lui.*

Alors, emporte-moi!

Diego

Non, ce monde a besoin de toi. Il a besoin de nos femmes pour apprendre à vivre. Nous, nous n'avons jamais été capables que de mourir.

Victoria

Ah! C'était trop simple, n'est-ce pas, de s'aimer dans le silence et de souffrir ce qu'il fallait souffrir! Je préférais ta peur.

Diego *(il regarde Victoria).*

Je t'ai aimée de toute mon âme.

Victoria, *dans un cri.*

Ce n'était pas assez. Oh, non! Ce n'était pas encore assez! Qu'avais-je à faire de ton âme seule!

> *La secrétaire approche sa main de Diego. Le mime de l'agonie commence. Les femmes se précipitent vers Victoria et l'entourent.*

LES FEMMES

Malheur sur lui! Malheur sur tous ceux qui désertent nos corps! Misère sur nous surtout qui sommes les désertées et qui portons à longueur d'années ce monde que leur orgueil prétend transformer. Ah! Puisque tout ne peut être sauvé, apprenons du moins à préserver la maison de l'amour! Vienne la peste, vienne la guerre et, toutes portes closes, vous à côté de nous, nous défendrons jusqu'à la fin. Alors, au lieu de cette mort solitaire, peuplée d'idées, nourrie de mots, vous connaîtrez la mort ensemble, vous et nous confondus dans le terrible embrassement de l'amour! Mais les hommes préfèrent l'idée. Ils fuient leur mère, ils se détachent de l'amante, et les voilà qui courent à l'aventure, blessés sans plaie, morts sans poignards, chasseurs d'ombres, chanteurs solitaires, appelant sous un ciel muet une impossible réunion et marchant de solitude en solitude, vers l'isolement dernier, la mort en plein désert!

> *Diego meurt.*
> *Les femmes se lamentent pendant que le vent souffle un peu plus fort.*

LA SECRÉTAIRE

Ne pleurez pas, femmes. La terre est douce à ceux qui l'ont beaucoup aimée.

> *Elle sort.*
> *Victoria et les femmes gagnent le côté, emmenant Diego.*
> *Mais les bruits du fond se sont précisés.*
> *Une nouvelle musique éclate et l'on entend hurler Nada sur les fortifications.*

NADA

Les voilà! Les anciens arrivent, ceux d'avant, ceux de toujours, les pétrifiés, les rassurants, les confortables, les culsde-sacs, les bien léchés, la tradition enfin, assise, prospère, rasée de frais. Le soulagement est général, on va pouvoir recommencer. A zéro, naturellement. Voici les petits tailleurs du néant, vous allez être habillés sur mesure. Mais ne vous agitez pas, leur méthode est la meilleure. Au lieu de fermer les bouches de ceux qui crient leur malheur, ils ferment leurs propres oreilles. Nous étions muets, nous allons devenir sourds. *(Fanfare.)* Attention, ceux qui écrivent l'histoire reviennent. On va s'occuper des héros. On va les mettre au frais. Sous la dalle. Ne vous en plaignez pas : au-dessus de la dalle, la société est vraiment trop mêlée. *(Au fond, des cérémonies officielles sont mimées.)* Regardez donc, que croyez-vous qu'ils fassent déjà : ils se décorent. Les festins de la haine sont toujours ouverts, la terre épuisée se couvre du bois mort des potences, le sang de ceux que vous appelez les justes illumine encore les murs du

monde, et que font-ils : ils se décorent!
Réjouissez-vous, vous allez avoir vos discours de prix. Mais avant que l'estrade
soit avancée, je veux vous résumer le
mien. Celui-ci, que j'aimais malgré lui, est
mort volé. *(Le pêcheur se précipite sur
Nada. Les gardes l'arrêtent.)* Tu vois, pêcheur, les gouvernements passent, la police reste. Il y a donc une justice.

LE CHŒUR

Non, il n'y a pas de justice, mais il y a
des limites. Et ceux-là qui prétendent ne
rien régler, comme les autres qui enten-
daient donner une règle à tout, dépassent
également les limites. Ouvrez les portes,
que le vent et le sel viennent récurer
cette ville.

> *Par les portes qu'on ouvre,
> le vent souffle de plus en plus
> fort.*

NADA

Il y a une justice, celle qu'on fait à mon

dégoût. Oui, vous allez recommencer. Mais ce n'est plus mon affaire. Ne comptez pas sur moi pour vous fournir le parfait coupable, je n'ai pas la vertu de mélancolie. O vieux monde, il faut partir, tes bourreaux sont fatigués, leur haine est devenue trop froide. Je sais trop de choses, même le mépris a fait son temps. Adieu, braves gens, vous apprendrez cela un jour qu'on ne peut pas bien vivre en sachant que l'homme n'est rien et que la face de Dieu est affreuse.

> *Dans le vent qui souffle en tempête, Nada court sur la jetée, et se jette à la mer. Le pêcheur a couru derrière lui.*

LE PÊCHEUR

Il est tombé. Les flots emportés le frappent et l'étouffent dans leurs crinières. Cette bouche menteuse s'emplit de sel et va se taire enfin. Regardez, la mer furieuse a la couleur des anémones. Elle nous venge. Sa colère est la nôtre. Elle crie le ralliement de tous les hommes de la mer, la réunion des solitaires. O vague, ô mer, patrie des insurgés, voici ton peuple qui ne cédera jamais. La grande lame de fond, nourrie dans l'amertume des eaux, emportera vos cités horribles.

RIDEAU

ŒUVRES D'ALBERT CAMUS

Récits

L'ÉTRANGER.
LA PESTE.
LA CHUTE.
L'EXIL ET LE ROYAUME.

Essais

NOCES.
LE MYTHE DE SISYPHE.
LETTRES A UN AMI ALLEMAND.
ACTUELLES. (Chroniques 1944-1948.)
ACTUELLES II. (Chroniques 1948-1953.)
CHRONIQUES ALGÉRIENNES, 1939-1958. (Actuelles III.)
L'HOMME RÉVOLTÉ.
L'ÉTÉ.
L'ENVERS ET L'ENDROIT.
DISCOURS DE SUÈDE.
CARNETS. (Mai 1935-février 1942.)
CARNETS II. (Janvier 1942-mars 1951.)

Théâtre

CALIGULA.
LE MALENTENDU.
L'ÉTAT DE SIÈGE.
LES JUSTES.

Adaptations et Traductions

LES ESPRITS, de Pierre de Larivey.
LA DÉVOTION A LA CROIX, de Pedro Calderon de la Barca.
REQUIEM POUR UNE NONNE, de William Faulkner.
LE CHEVALIER D'OLMEDO, de Lope de Vega.
LES POSSÉDÉS, d'après le roman de Dostoïevski.

*

THÉÂTRE, RÉCITS, NOUVELLES. Préface de Jean Grenier, textes établis et annotés par Roger Quilliot. *(1 volume, Bibliothèque de la Pléiade.)*